LA

CHÉZONOMIE

POËME DIDACTIQUE

LA

CHÉZONOMIE

OU L'ART DE CH...

POËME DIDACTIQUE

EN QUATRE CHANTS

PAR CH. RÉMARD

Homo sum, humani nihil a me alienum puto.

TERENT. Heaut. act. I, sc. I.

NOUVELLE ÉDITION ORNÉE DE QUATRE EAUX-FORTES PAR CHAUVET.

A SCOROPOLIS,

Et se trouve à PARIS,

Chez BAILLIEU, Libraire, quai des Grands-Augustins, nº 43.

M. DCCC. LXXIII.

ÉPITRE DÉDICATOIRE

AUX BONS CHIEURS DE TOUT RANG, DE TOUT AGE,
ET DE TOUT SEXE.

Vous qui chiez, et sans reprendre haleine
Pondez toujours les étrons par douzaine,
Heureux mortels, ne soyez point jaloux,
Si dans ces vers qu'avec fruit on va lire,
A bien des gens qui souffrent le martire,
Je veux apprendre à chier comme vous.
Pardonnez donc à mon audace,
Et daignez recevoir, sans vous faire prier,
La courte et l'humble dédicace
De la Chézonomie ou de l'Art de chier.

AVERTISSEMENT.

Semblable à ces petits roquets qui singent les plus gros dogues et s'en vont par les rues toujours levant la cuisse contre les murs, je voudrais, à l'exemple des meilleurs poëtes du jour, donner pour avant-garde à mon ouvrage un morceau d'éloquence, où j'étalerais bien de l'érudition. Mais, outre que je ne me sens aucun talent pour la prose, je craindrais encore d'échouer dans mon entreprise par le défaut d'idées. Ce qu'un homme qui réunit le double avantage de bien écrire en prose et en vers eût sagement réservé pour un discours préliminaire, moi je l'ai tout bonnement ſondu dans le cours de mon poëme et dans mes notes, de manière que mon cerveau est entièrement à sec. Je ne puis d'ailleurs entreprendre de plaider de nouveau la cause de la poésie didactique et descriptive: d'autres avant moi l'ont victorieusement défendue par de bonnes dissertations et sur-tout par d'excellens vers. Je me bornerai donc à ce court Avertissement qui du moins par son peu d'étendue pourra plaire à la plupart des lecteurs. Je sais que c'est une nouveauté aujourd'hui de publier même le plus petit poëme sans un long discours préliminaire; mais elle ne tirera pas à conséquence, et je veux bien qu'on dise de moi: *S'il n'a pas fait comme les autres, c'est qu'il n'en a pas eu le talent.*

Au reste, je pourrais alléguer pour ma défense que ces discours pompeux sont tout-à-fait d'invention moderne: n'est-il pas constant qu'aucun des grands poëtes anciens n'y a songé? Il est vrai que depuis les savans y ont pourvu; et vous ne voyez pas ce qu'on appelle une bonne édition, soit d'Horace ou de Boileau, soit de Térence ou de Molière, qu'elle ne soit enrichie d'une dissertation profonde sur la vie et les écrits de l'auteur, outre une foule de scholies, de notes et de commentaires, où l'éditeur s'est plu non-seulement à faire ressortir toutes les beautés de l'original, mais encore à lui en prêter mille fois plus qu'il n'aurait voulu en avoir s'il avait été là pour s'en défendre.

Est-ce pour échapper à cette surabondance de mérite, ou plutôt pour ne rien laisser à dire après eux, que les poëtes du jour font des discours préliminaires? Dans les deux cas je ne suis pas fâché d'être obligé de me taire. Si quelque jour on donne une *bonne édition* de mon Poëme, elle sera dûe à un savant laborieux, qui, mettant à contribution tous les auteurs qui ont écrit en passant sur le même sujet, dédommagera la postérité des omissions que j'aurai faites; et si d'ailleurs il fait sentir quelques-unes de ces beautés délicates qui peuvent échapper au nez le plus fin, c'est une obligation de plus qu'on lui aura. Je ne suis pas de ces auteurs qui ont pris pour devise:

A la postérité ne laissons rien à dire.

Quoiqu'épuisée pour moi en ce moment, la matière que j'ai traitée n'en est pas moins inépuisable; et j'aime à croire que mon ouvrage en fera naître encore d'autres du même genre ou à-peu-près. En attendant, je désire qu'on goûte le mien, et qu'on me pardonne si j'y ai quelquefois parlé de moi. On sait que les communications sur un pareil sujet sont assez rares, et, s'il eût été d'usage d'en converser dans le beau monde aussi souvent que de politique, j'aurais pu recueillir une foule d'anecdotes plus piquantes les unes que les autres, anecdotes qui eussent nécessairement exclu celles qui me sont personnelles. Mais ce qui est différé n'est pas perdu; mon ouvrage va faire ouvrir bien des petites bouches, même de grandes sur *cette louable matière;* il m'en reviendra quelque chose, et alors j'en profiterai pour une nouvelle édition.

LA CHÉZONOMIE,

CHANT PREMIER.

CHANT I

LA CHÉZONOMIE.

CHANT PREMIER.

Qu'Homère chante Achille et son courroux fougueux,
Virgile les combats et son héros pieux;
Que Le Tasse avec pompe et non moins d'élégance
De la sainte cité chante la délivrance;
Milton le faible Adam de son bonheur déchu,
Perdant le paradis pour un fruit défendu;
Que sur un autre ton, digne émule d'Horace,

Boileau mette en beaux vers les secrets du Parnasse;
Que le doux Saint-Lambert célèbre des saisons
Les frimas et les fleurs, les feux et les moissons;
Que Delille à son tour, chantre des paysages,
Offre dans ses jardins un élysée aux sages;
Que Voltaire en jouant récite les hauts faits
De la jeune beauté si fatale aux Anglais ;
Et qu'en fixant les loix d'un banquet agréable
Berchoux, moins que ses vers, nous fasse aimer la table:
Moi qui ne suis près d'eux qu'un poëte crotté,
Moi qui vise pourtant à l'immortalité,
Je m'empare aujourd'hui du sujet qu'on me laisse,
Et sans trop consulter ma force ou ma faiblesse,
JE CHANTE L'ART HEUREUX, LE GRAND ART DE CHIER.

Des lecteurs vont peut-être à ce début grossier
M'accuser d'insolence, et bouchant leurs narines,
Croire que tout Paris fait vider ses latrines.
Heureusement aussi d'autres, en pareils cas,
Diront à ces messieurs qu'ils sont trop délicats.
Chier n'est-il donc pas un besoin de la vie?
Puisqu'il faut que l'on mange, il faut bien que l'on chie.

Hélas! que je les plains, ceux-là dont le *rectum*
Ne peut jamais s'ouvrir sans quelque *retentum!*
Malheureux constipés, consolez-vous d'avance;
D'un sujet si nouveau respectez la licence:
J'en réponds, c'est à moi que bientôt vous devrez
L'avantage infini d'être moins resserrés.
Sans être un grand docteur, je dirai dans mon livre,
Pour chier aisément, quel régime il faut suivre.
D'abord j'expliquerai quelle innovation
Amena parmi nous la CONSTIPATION:
Quels excès la font naître, et comment nos faiblesses
Nous empêchent souvent de desserrer les fesses.
Après j'enseignerai quels sont les alimens
Qui produisent en nous d'heureux relâchemens;
Et quel est le point fixe où se tient la prudence,
Quand on veut sans foirer chier avec aisance.
Ce n'est pas tout encore, et la digestion
Doit beaucoup à son tour fixer l'attention;
Car il ne suffit pas d'avoir la panse pleine,
Il faut en digérant balayer la bedaine.
De la digestion, de ses heureux effets
Je vous apprendrai donc les utiles secrets;

Je vous les dirai tous, et pour couronner l'œuvre,
Vous saurez comme on fait des étrons de manœuvre,
Des étrons bien tournés, ni trop mous, ni trop durs,
Et tels qu'on les admire au long de certains murs.
Vous saurez... Mais déjà pourquoi donc tout vous dire?
C'est méthodiquement que je dois vous instruire.
Eh! ne dédaignez pas d'écouter mes conseils:
Certes! vous n'en avez jamais lu de pareils.
Songez bien qu'il n'est pas de fumier où les merles,
Je veux dire les coqs, ne découvrent des perles;
Et que quand la nature a besoin de secours,
L'art seul est son *guid'âne* et le sera toujours.

Pour donner plus de pompe à ces rimes nouvelles,
Invoquerai-je aussi les doctes immortelles,
Et le dieu qui préside au sommet d'Hélicon?
Daigneront-ils sourire au chantre de l'étron?
Mais si la poésie est sœur de la peinture (1),
Et que son art consiste à rendre la nature,
Quoi de plus naturel? Et dût-il s'embrener,
A moi-même Apollon peut-il m'abandonner?
N'a-t-il pas inspiré jadis certains poëtes,

Qui n'ont pas toujours eu la bouche et les mains nettes?
Oui, je pourrais nommer quelques auteurs fameux (2),
Dont le goût n'exclût point des passages merdeux.
Voyons-nous cependant les Muses infidèles
Cesser de nous offrir ces écrits pour modèles?

C'est pour suivre en cela les Grecs et les Latins,
Que parmi nos Français quelques esprits badins,
Bravant tous les caquets d'une aveugle censure,
Ont laissé des écrits où la merde figure.
Et sans chercher plus loin, un chanoine, un curé (3),
Malgré la robe noire et le bonnet carré,
En ce genre ont laissé maintes historiettes
Qui de nos curieux garnissent les tablettes.
Il est de bons vivants, il est des amateurs
Qui le jour et la nuit *dévorent* ces auteurs.
Qu'ont-ils fait cependant qu'effleurer *la matière?*
Et moi qui plus hardi l'embrasse toute entière,
Des Muses, des lecteurs je serais délaissé!
Non, puisque j'ai pour moi l'exemple du passé,
Je ne crains point d'écueil: je veux que mon ouvrage (4)
Des plus fins connaisseurs emporte le suffrage;

Je veux qu'on le relise, après qu'on l'aura lu;
Et si l'on trouve bon de s'en torcher le cu,
J'y consens, mais pourvu que cent mille exemplaires
Soient achetés avant chez messieurs les libraires;
Or cent mille c'est peu, s'il s'en débite autant
Que l'on compte de culs qui ne font que du vent.

Mais il est temps, au jour révélons nos lumières,
Et que ma bouche enfin débouche les derrières.
On fit l'*Art de péter* et l'*Eloge du pet* (5):
Partant l'ART DE CHIER n'est pas plus indiscret.

Vous à qui les premiers je veux me faire entendre;
Vous qui restez souvent quinze jours sans rien rendre;
Dont l'anus rétréci n'admet qu'en rechignant
Le canon recourbé de certain instrument,
Quand il faut détacher, délayer la matière
Qui devrait aisément s'échapper par derrière:
Vous tous qui partagez ces rigoureux destins,
Quoi donc a pu lier ainsi vos intestins?
Eh! vous le savez trop; c'est votre intempérance,
C'est le soin de chercher avec trop de constance

Le séduisant poison, le funeste aliment
Que repoussait le plus votre tempérament.
De votre bouche, amis, vous fûtes les esclaves;
Votre appétit glouton ne connut point d'entraves;
Un mets simple à vos yeux n'a jamais eu d'appas,
Et tous les jours pour vous furent des *mardis-gras*.

Des peuples différens consultons l'origine:
Connurent-ils alors un art de la cuisine (6)?
Ouvrons d'abord la Bible: on y verra qu'Adam,
Avant qu'il fût tenté par l'infernal Satan,
Nonchalamment assis sur la verte pelouse,
Ne mangeait que des fruits avec sa chère épouse,
Et ne touchait pas même aux belles pommes d'or,
Du romantique Eden mystérieux trésor.
Il y toucha depuis.... Je n'en suis pas la cause.
Mais, selon moi, son cas devait sentir la rose,
Lorsqu'il n'était encor qu'un *petit innocent*.
Celui d'Eve, à coup sûr, était plus odorant,
Et devait exhaler le parfum de l'orange.
Après leur chute aussi, qu'ils perdirent au change!
Puisqu'ils ne prirent pas des alimens nouveaux,

Ils firent, il est vrai, des étrons aussi beaux;
Mais leurs cas n'eurent plus la douce odeur des autres,
Et puèrent dès-lors presqu'autant que les nôtres.
Si de bien de fléaux le ciel les a frappés,
Du moins nos grands parens n'étaient pas constipés:
Moïse n'en dit pas un mot dans la *Genèse*.
Leurs fils long-temps après chièrent à leur aise:
Le laitage, le miel étant leurs alimens,
Rien ne devait couler comme leurs excrémens.

Bientôt on se lassa d'avoir pour nourriture
Les mets délicieux offerts par la nature.
On versa sans pitié le sang des animaux,
Et le pasteur mangea la chair de ses agneaux.
Ces innovations nous devinrent fatales.
Dès-lors durent changer les matières fécales:
Ceux qui faisaient trop mou firent un peu plus dur,
Et le cas, le matin, ne fut pas sitôt mûr.

Jusques-là, j'en conviens, le mal est peu de chose;
Mais il ne fit bientôt que croître avec la cause.
Noé le patriarche inventa la liqueur (7)

Qui réchauffe, ranime et réjouit le cœur,
Lorsque le besoin seul en indique l'usage;
Et Noé le premier abusa du breuvage;
Pour lui ce jus divin devenant un poison,
Lui ravit l'équilibre, ainsi que la raison.
Ses enfans, ses neveux ensuite l'imitèrent,
Et trouvant le vin bon à l'envi s'enivrèrent.
Pour exciter la soif bien moins que l'appétit,
Des mets du plus haut goût la mode s'établit.
Le mal vole, dit-on. Ces dangereux exemples
En cent lieux à Bacchus méritèrent des temples;
Ce dieu n'y manqua point de sacrificateurs;
Au rang des candidats étaient tous les buveurs,
Qui d'un pas chancelant allaient pendant leur vie
De ribote en ribote et d'orgie en orgie;
Et qui par leurs excès réduits *au petit tour*,
Mettaient bien rarement quelques étrons au jour.

Je n'ai pas le dessein de passer en revue
De vingt peuples divers l'histoire saugrenue;
Il en est deux pourtant dont la célébrité
De mon merdeux génie invoque l'équité.

Les Grecs dégénérés des héros pleins de gloire (8)
Qui tenaient tour à tour l'épée et l'*écumoire*,
Et chièrent dix ans sous les murs des Troyens,
De préparer leurs mets changèrent les moyens.
Dirai-je et croira-t-on qu'ils eurent la manie
D'envier à leurs dieux le nectar, l'ambroisie?
Dédaignant les taureaux immolés aux autels,
Ils ne se doutaient pas, ces aveugles mortels (9),
Que ce qui fait en l'air foirer Jupiter même
Constipe les humains. Dans ce désordre extrême
Tous les mets avec art furent donc confondus,
Et les vieux cuisiniers ne s'y connaissaient plus.
Ainsi de mille objets les mélanges bizarres
Rendirent les étrons et la merde plus rares;
Mais grace à leur *brouet,* les Lacédémoniens (10)
En faisaient de gros tas au nez des Athéniens.

Les Romains à leur tour, fatigués de conquêtes,
Imitèrent des Grecs les repas et les fêtes.
Il était loin le temps où les Fabricius
Vivaient si sobrement. Le fameux Lucullus
Qui sans sa gourmandise eût été si grand homme,

Avec l'or de l'Asie introduisit dans Rome
Ce luxe des festins où de tout l'univers
Se trouvaient réunis les alimens divers.
En Europe où déjà régnaient tant de sottises,
S'il se fût contenté d'apporter les cerises,
Ce héros des gourmands par eux toujours cité
Du grand art que je chante aurait bien mérité.
Mais avec sa cuisine il brûla les entrailles,
Et Rome ne vit plus au pied de ses murailles
Ces nombreux tas d'étrons dont l'énorme grosseur
Aux enfans de Carthage inspirait la terreur;
A l'aspect de ces cas, se disaient-ils, quels hommes!
Par ceux que nous faisons voyons ce que nous sommes.
Ah! si l'état Punique eût encore existé
Dans ces temps où la gueule avait tout infecté,
Où les soldats Romains vivant en sybarites
Faisaient, non sans effort, des crottes si petites,
Qu'on eût pris tous leurs cas pour des cas de marmots,
Didon n'eût pas en vain tenu tant de propos (11),
Et Rome aurait subi le destin de Carthage.

Un vice, quel qu'il soit, aisément se propage.

De-là les habitans du monde alors connu,
Au risque de cesser d'avoir la crotte au cu,
Puisque tel est l'effet de la trop bonne chère,
Singèrent à dîner les maîtres de la terre.
Tant qu'on fut engoué de ce luxe fatal,
Sur le globe chacun chia tant bien que mal,
Et chia plus ou moins. Mais cette intempérance
De l'Empire romain suivit la décadence.
Les peuples revenus à la simplicité
Refirent des étrons avec facilité;
Qu'ils ne prétendent pas tous ici trouver place;
Aux Gaulois nos aïeux il est tems que je passe.
Mais que dis-je, aux Gaulois? c'est remonter trop loin:
De récits embrouillés ici qu'a-t-on besoin?
Ces guerriers valeureux qu'ont célébrés leurs Bardes,
Et qui du Capitole ayant surpris les gardes,
S'en seraient emparés sans quelques vieux oisons,
N'en doutez nullement, faisaient de gros étrons.
Ils ont donc bien chié: les Francs les subjuguèrent,
Et si cela se put, encore mieux chièrent.
Dans les Gaules alors, en dépit des païens,
Parut, grâce à Clovis, la merde de chrétiens.

Laissons là le berceau de notre monarchie,
Où les rois règnaient moins que l'affreuse anarchie;
Du tems des Childeberts, sur-tout de Childebrand,
Ce qui marque le plus, ce qu'on fit de plus grand,
C'est qu'on fonda toujours de vastes monastères,
Qu'aux dépens de leurs fils enrichissaient nos pères.
Toutefois sous leur règne et sous les Childérics,
Qui valaient bien autant que les deux Chilpérics,
Jamais plus de gros cas ne couvrirent la France.
Les seigneurs et les serfs, sans nulle différence,
Les riches citadins et les gens de métier
Mangeant à l'ordinaire un aliment grossier,
Tel que du bœuf bouilli, du gros pain de ménage
Qu'on faisait à la ville aussi bien qu'au village,
Et l'humectant toujours avec le vin du crû,
N'éprouvaient nul besoin d'avoir *la flûte au cu.*
Ils dînaient et chiaient sans faute à la même heure.
Ils n'étaient pas si sots que de mettre du beurre
Au bout d'une canule, ainsi qu'on fait chez nous:
Vraiment! ils le gardaient tout entier pour leurs choux;
Et leurs étrons dodus étaient presque de taille
A tenir lieu de borne au pied d'une muraille.

Ainsi nos bons aïeux, toujours simples d'ailleurs,
Pouvaient passer du moins pour de fameux chieurs.
Leurs fils, sobres comme eux, dans leur petit ménage
Conservèrent long-tems ce salutaire usage,
Qu'adoptèrent aussi leurs robustes enfans.
En dignes héritiers ceux-ci plus de mille ans
A chier tous les jours trouvèrent des délices,
Et leurs cas comparés à des étrons de Suisses,
Ne perdaient presque rien à la comparaison.

Des chieurs cependant s'obscurcit l'horizon.
Il va renaître, hélas! cet art de la cuisine,
Oublié si long-tems. Un Génois s'imagine (12)
Qu'il est un nouveau monde; il traverse les mers,
Et découvre en effet un nouvel univers.
Cet exemple donné, bientôt l'Europe entière
De ces climats si beaux se croyant héritière,
Comme les Espagnols veut en avoir sa part.
Portugais, Hollandais, Anglais, Français, tout part,
Et les productions de ces riches contrées
Dans nos avides ports à peine sont entrées,
Qu'avec elles déjà la CONSTIPATION

Vient des peuples divers prendre possession.
Par-tout des cuisiniers s'éveille le génie;
Ils osent pour la table exercer la chimie,
Et les mets apprêtés ne sont pas bien reçus,
Si des climats lointains nouvellement venus
Les fruits empoisonneurs n'en relèvent la sauce.
Des jus et des coulis sont passés à la chausse;
On les a composés de mille ingrédiens
Plus ou moins parfumés, plus ou moins échauffans.
Sans poivre, sans girofle, et sur-tout sans muscade,
Les œufs seraient doux, et l'épinard trop fade.
Au miel a succédé le suc d'un long roseau:
Chaque jour il fait naître un entremets nouveau
Qu'à leurs saints directeurs présentent les dévotes.
L'écorce d'un arbuste embaume les compotes;
Et le fruit que Moka sur ses brûlans coteaux
Voyait croître et mûrir pour les Orientaux,
Au loin multiplié sur un sol favorable,
Ajoute sa liqueur aux plaisirs de la table.
Ce luxe immodéré, ces nouveaux alimens
Durent changer bientôt tous les tempéramens.
Tel qui, dès le matin, dans sa chaise percée,

Déposait chaque jour une selle pressée,
Voit d'abord le soleil à moitié de son tour
Sans avoir encor pu mettre un étron au jour.
Vers le soir cependant si le cas se décide,
Notre homme tout entier à l'espoir qui le guide,
Aux lieux accoutumés s'achemine à grands pas,
S'assied, pousse, repousse, enfin ne conçoit pas
Ce qui peut de la sorte étrécir le passage;
Il redouble d'efforts, il sue, il est en nage,
Pousse de gros soupirs, et se trouve épuisé
Lorsqu'il parvient au but qu'il s'était proposé.
Donc de sa gourmandise il est déjà victime.
Que s'il est quelque tems sans se mettre au régime,
Pour se débarrasser les efforts seront vains;
Il risquerait plutôt de se briser les reins.
Alors des bons chieurs il faut qu'il se distingue,
Et qu'il ait tristement recours à la seringue.
Pour se clystériser je le laisse à l'écart;
Aux maux qu'il se donna dois-je donc prendre part,
Lorsqu'un sexe charmant, délicat, adorable,
Tenant avec raison le haut bout de la table
Dont un hôte galant lui sert les bons morceaux,

Finit par être en butte à de semblables maux?

O femmes! repoussez ces offres séduisantes;
Ne vous exposez pas aux selles déchirantes,
Vous qui chiez si bien: oui, les plus beaux étrons,
Les étrons les mieux faits, les plus gros, les plus ronds,
Parmi d'autres talens, sont aussi votre ouvrage;
Oui, vous avez encore cet heureux avantage,
Qui, je le crois, pour vous fut toujours un secret.
Eh! qui peut en douter? Votre sexe discret,
Quand même sous le nez il eût eu des modèles,
Dût-il faire jamais de sales parallèles?

Si vous voulez savoir à quoi vous en tenir,
Mesdames, essayez, donnez-vous ce plaisir.
Dans un endroit choisi, soit en rase campagne,
Soit au sommet aigu d'une haute montagne,
Invitez vos amis, vos époux, vos amans
A venir en plein jour faire leurs excrémens:
A l'endroit qui d'abord vous en paraîtra digne,
Qu'ils déposent leurs cas sur une même ligne.
Prenez garde sur-tout que, dans ce bataillon,

Ne se glisse une femme habillée en garçon.
Dès qu'ils auront fini, sur la ligne opposée
Que votre selle alors soit aussi déposée.
Tous les cas étant faits d'un et d'autre côté,
Mesdames, jugez-les sans partialité:
Je veux toute ma vie être en horreur aux Belles,
Si les mâles étrons près des étrons femelles
Ne semblent pas des nains à côté des géans,
Tant les uns sont petits, les autres gros et grands.
Tel dut paraître Hercule en face des Pygmées;
Tels seront les Anglais auprès de nos armées.

Mais le fait est certain; je l'ai vérifié (13);
Même aux Dames jadis j'ai parfois envié
Ce plaisir exclusif. Un jour, dans ma jeunesse,
Allant au rendez-vous donné par ma maîtresse,
Et comme elle arrivé plutôt qu'il ne fallait,
Voilà que tout-à-coup j'entends faire un gros pet:
Le bois en retentit. Je ne perds pas la tête;
Et *pressentant le cas,* je me fais une fête
Du coup-d'œil ravissant qui bientôt va s'offrir.
J'avance à petits pas; (j'aurais voulu courir)

Je m'approche, et soudain le fessier de Thémire
Présente à mes regards le plus beau point-de-mire
Que jamais on ait eu; je m'arrête et me tais:
Elle était occupée à pondre un étron frais.
Heureusement pour moi, la matière était dure,
Et je pus à loisir contempler la nature.
Mais ce moment, hélas! ne fut pas tout plaisir:
Car la Belle en chiant poussa plus d'un soupir.
Aussi-tôt qu'elle a fait et torché son derrière,
Elle fuit; moi je cours *inspecter* la matière:
Quelle crotte, grands Dieux! non, je n'aurais pas cru
Qu'un tel échantillon pût sortir de son cu,
Si, guidé par l'amour et mon heureuse étoile,
Je n'eusse pas tout vu sans obstacle et sans voile.
On sent bien que jamais je ne me suis vanté
De ce beau mouvement de curiosité.
Quand je la retrouvai, Thémire, d'un air tendre,
Me dit qu'une autre fois elle viendrait m'attendre;
Je convins de mon tort, et me fis excuser
Par un tort moins réel, par le vol d'un baiser.
Peut-être que tout autre, après cette aventure,
Eût fait le dégoûté: quant à moi, je vous jure

Que je n'y pensai pas la minute d'après.
Au contraire, ayant vu quelques appas secrets,
Mon transport amoureux s'accrut près de Thémire.
Après tous les écarts d'un mutuel délire,
Nous nous dîmes adieu jusques au lendemain,
Et pour se retirer chacun prit son chemin.
Mais cessons de courir au gré de nos caprices;
Thémire avait deux fois mangé des écrevisses
La veille du grand jour où je la vis chier,
Et ce n'est pas ici le cas de l'oublier:
C'est ce qui lui fit faire une crotte si dure.
Regardez donc de près à votre nourriture (14),
Mesdames, si toujours vous voulez sans douleur
Pondre de ces étrons surpassant en grosseur
Les étrons les plus forts que ferait un Hercule,
Et laisser aux marchands et seringue et canule.
Souvenez-vous sur-tout que les plus jolis traits,
Les charmes, la beauté, les grâces, les attraits,
Cessent de rehausser l'éclat de la figure,
Tant que le cas n'est point au train de la nature.
Quand une femme chie avec difficulté,
La laideur même alors remplace la beauté.

Eh! qui pourrait souffrir sans faire des grimaces?
Ces femmes à grands tons qui garnissent de glaces
Les lieux les plus secrets, savent bien qu'en penser.
Je suis loin de vouloir ici les offenser:
Je les respecte trop et je leur rends hommage;
Seulement je voudrais que la glace en usage
Dans le boudoir obscur aux selles consacré,
Jamais ne réfléchît un visage altéré.
Ainsi que le beau-sexe à table s'émancipe,
Sans trop courir après l'aliment qui constipe;
De chier rondement c'est le plus sûr moyen.

Par malheur je suis seul à prescrire le bien.
Que d'auteurs avant moi (sans doute, ils étaient ivres)
Sur l'art de la cuisine ont composé des livres,
Qui sont lus si souvent, si souvent feuilletés,
Que de graisse noircie ils sont tout infectés!
Il est vrai que ceux-là ne sont plus en usage
Que parmi les rentiers du quatrième étage,
Qui touchant cent écus au plus tous les six mois,
N'ont que le tems de lire et de lécher leurs doigts.
Quelques moines encore et d'autres gens d'église

Gardent ces vieux témoins d'un peu de gourmandise.
Deux autres plus nouveaux, plus fêtés, plus courus
Parviendront, je le crains, à boucher tous les culs:
J'entends les culs de ceux que leur grande fortune
Distingue seulement de la classe commune,
Et qui sous nos tyrans *se disant des Brutus,*
A dîner aujourd'hui tranchent des Lucullus.
Des faciles étrons, ô cuisine ennemie (15)!
L'Almanach des gourmands et *la Gastronomie,*
Avec assez d'éclat t'ont remise en vigueur!
Combien ne dois-tu pas à l'un et l'autre auteur!
Que de goinfres dans peu leurs livres ont fait naître!
Que de mets inconnus n'ont-ils pas fait connaître?
On sert chez nos Crésus ces mets délicieux;
On les voit: et comment n'y toucher que des yeux?
Mais défiez-vous-en, ô mes chers prosélytes!
La bonne chère est douce, amères sont les suites.
En docteur insensé, je ne vous dirai pas:
Brûlez-moi *le Poëme* et *les trois Almanachs;*
Je les aime un peu trop; ils sont pleins d'élégance,
D'esprit et de gaieté, bonne denrée en France;
De ma bibliothèque ils parent les rayons,

Et je n'en ferai pas chaque jour moins d'étrons,
Tant que sur mes moyens réglant ma nourriture,
Il faudra me borner à leur simple lecture.
Cette prose et ces vers doivent être goûtés,
Plus que les mets fameux qu'ils ont tant exaltés;
Loin de les condamner, je veux donc qu'on les lise,
Mais en se plastronnant contre la gourmandise.

Toutefois pour chier des étrons gros et gras,
De simples alimens ne vous suffiront pas:
Domptez vos passions, dont la fougue fatale
Interrompant le cours de la vie animale,
Vous nuirait encor plus que des mets succulens.

Regardez cette vierge à la fleur de ses ans (16):
Son cœur a-t-il parlé? c'en est fait, son derrière
Ne rendra presque plus de fécale matière.
Livrée à son amour, son corps est oublié;
En elle, hors le cœur, tout est pétrifié.
N'attendez pas d'étrons, tant que cet état dure.
Mais en proie à des maux de la même nature,
Son vainqueur ose-t-il lui faire un doux aveu?

Soudain le corps s'anime et reprend tout son jeu;
On n'a plus comme avant un air d'insouciance;
Des amans satisfaits l'appétit recommence
Ils cèdent l'un et l'autre au besoin renaissant;
Et mangeant comme quatre, ils chieront comme cent.

Ce n'est pas l'envieux qui chiera de la sorte;
Et je ne le plains pas: qu'il chie ou non, qu'importe?
Dois-je m'intéresser à ce reptile affreux,
Qui sèche de dépit en voyant des heureux?
Ah! plutôt de mes mains je brûlerais mon livre,
S'il faisait chier ceux qui ne devraient pas vivre.
Non, non; que l'envieux constipé pour jamais
Crève un jour en voyant les étrons que je fais.

Ces jeunes insensés qui prodiguant leurs veilles,
Sont près d'un tapis vert tout yeux et tout oreilles,
Songent-ils seulement tant qu'ils ont un écu,
Qu'à la longue le jeu leur calfeutre le cu?
Chaque perte qu'ils font leur alonge la mine;
Enfin un dernier coup consomme leur ruine;
Et si le désespoir n'abrége pas leurs jours,

C'est alors seulement que reprenant son cours
La merde agglomérée à grands flots se débonde.
Pour qu'un brelandier chie, il faut qu'il soit au monde
Sans or et sans crédit, et trouve cependant
Quelque chose de bon à mettre sous la dent.

Voyez l'ambitieux: il passera sa vie
A briguer les honneurs: il craint pendant qu'il chie,
Ou pour être plus vrai, pendant qu'il veut chier,
Il craint que ses rivaux qu'il cesse d'épier
Le tems juste de prendre et de rendre un clystère,
N'obtiennent ce qu'il veut des puissans de la terre.
Aussi les lavemens ne lui font presque rien:
Ce n'est pas en fumier qu'il laissera du bien.
Mais dans ses intestins la merde qui fermente,
Comme sa passion, nuit et jour le tourmente;
Si pourtant il renonce à tous ses vains projets,
Qu'il refera gaiement des étrons et des pets!

Après l'ambitieux j'attaquerai l'avare:
Par exemple, c'est lui dont le cas est bien rare.
Au monde n'ayant rien de plus cher que son or,

Pour vivre il ose à peine effleurer son trésor.
Il ne dort que d'un œil; la nuit, l'autre est sans cesse
Cloué sur les écus que renferme sa caisse.
Mangeant peu, dormant moins, toujours dans la frayeur,
Est-il donc étonnant qu'il soit petit chieur?
De se clystériser jamais il ne s'avise;
Selon lui, ce serait une grande sottise
De prendre par le cul ce que le plus souvent
Sa bouche desséchée implore vainement.
Enfin, quand de chier il lui prend quelqu'envie,
Cet instant croît encor le malheur de sa vie,
Et pour ne pas quitter ses lingots superflus,
Le ladre avec plaisir ferait caca dessus.
Tout constipé qu'il soit, il va vite en besogne;
La crotte paraît-elle? à la hâte il la rogne;
Sans y mettre le nez, on peut être certain
Qu'à son cul chaque fois il remporte un crottin.
Si chichement il chie, il vesse en abondance.
Ainsi des passions la sotte extravagance,
Aux dépens d'un besoin qui règle la santé,
Amène des étrons l'extrême rareté.
Depuis un siècle assez on a prêché morale,

Sans que la mienne ici plus longuement s'étale.
Tout ce qui trouble l'âme amollit les ressorts
Dont le jeu doit pousser les excrémens dehors.
Vous donc qui prétendez apprendre comme on chie,
A la simplicité consacrez votre vie;
Au moral, au physique évitez tout excès,
Et je vous répondrai hardiment du succès.
Mais si dans ses écarts en aveugle on s'obstine,
Un jour les vidangeurs crieront à la famine.

FIN DU PREMIER CHANT.

LA CHÉZONOMIE,

CHANT DEUXIÈME.

CHANT DEUXIÈME.

Le mal qui du bas-ventre empêche l'intestin
De s'ouvrir au caca le soir ou le matin,
De nos riches gourmands est le triste apanage,
Ou rarement du moins le pauvre le partage.
Ainsi dans ce bas monde on ne peut tout avoir.
Vous donc qui l'éprouvez, et qui voulez savoir
Pourquoi le sort jaloux, le sort inexorable
Trouble ainsi le plaisir que vous goûtez à table,
Du pauvre comparez les simples alimens,
Les pénibles travaux, les forts tempéramens,
A vos mets recherchés, à votre vie oisive,
Et de toute vigueur sans cesse destructive:
La différence est grande, il faut en convenir;
Voilà d'où le mal vient, d'où le mal doit venir.

Le pauvre, autant qu'il peut, suit de près la nature (17):
C'est pour vivre en un mot qu'il prend sa nourriture.

CHANT II

Voyez cet ouvrier, voyez ce laboureur:
Quel repas les attend au retour du labeur?
Ce sont des haricots et des pommes-de-terre
Que leur a préparés la bonne ménagère:
Voilà les mets d'usage. Une fois par hasard,
Et c'est un grand régal, ils ont des choux au lard.
Mais combien de repas auxquels, pour tout potage,
Ils n'ont avec leur pain qu'un morceau de fromage!
Ce n'est pas trop; aussi la CONSTIPATION
Est-il un mal qu'à peine ils connaissent de nom.
Le besoin de chier toujours avant l'aurore
Chez eux se fait sentir et très-souvent encore
Lorsqu'au plus haut des cieux l'astre éclatant du jour
A fait pompeusement la moitié de son tour,
Ou que près d'achever sa brillante carrière,
Il plonge dans les flots un reste de lumière.
Si vous avez parfois trouvé quelques goujats
Faisant au pied d'un mur péniblement leur cas,
C'est qu'ils avaient mangé de l'ail et des saucisses,
Où monsieur *Tranchelard* avait mis trop d'épices.
Alors les malheureux ils font de grands efforts;
On croirait à les voir qu'ils ont le diable au corps.

Mais ils n'ont tant de peine à se tirer d'affaire
Qu'après s'être écartés du régime ordinaire;
Cette crise avec eux ne dure qu'un moment,
Et sans faute demain ils chieront librement.
Heureux et doux état! précieux privilége
Qui me rappelle encor les beaux jours du collége!
C'est là qu'on chiait bien; qui ne s'en souvient pas?
Qui passait un seul jour sans faire au moins un cas?
Pour moi j'en faisais deux, et quelques camarades
En faisaient jusqu'à quatre avec des pétarades.

O toit hospitalier, maison de Montaigu,
Qu'avec sécurité dans tes murs j'ai vécu!
Cependant quelle école et quel régime austères!
Que de soins, d'abstinence entre les deux prières!
Le matin, quand les coqs commençaient à chanter,
D'abord à bas du lit il me fallait sauter,
M'habiller à-peu-près, me mettre à mon pupitre,
Griffonner du latin, apprendre maint chapitre,
Et me chauffer, l'hiver, en soufflant dans mes doigts:
Car on ne fait du feu que quand on a du bois.
Au bout d'une heure un quart cette première étude

Menait au déjeûner: j'en avais l'habitude,
Et m'en serais toujours assez bien acquitté,
Si j'avais toujours eu du pain en quantité.
Mais soyons en tout point l'historien fidèle:
Nous allions faire avant un tour *à la chapelle.*
Après le déjeûner, quoiqu'à jeun la plupart,
Il fallait, de la fable imitant le renard,
Pour réciter Salluste ou mal traduire Horace,
Aller sur d'autres bancs prendre chacun sa place.
Hélas! que ne vit-on de grec et de latin!
L'étude succédait aux classes du matin.
L'heure venait enfin d'aller au réfectoire,
Où se trouvait toujours moins à manger qu'à boire;
C'est là qu'étaient servis, non pas de bons gigots
Tendres comme rosée, et cuits bien à propos,
Mais des plats copieux d'un excellent légume
Qu'on broyait sous la dent comme sur une enclume;
Des haricots fort durs qu'on disait de Soissons,
Qui tous les vendredis tenaient lieu de poissons,
Et d'autres jours passaient pour du veau de Pontoise;
Au chef des marmitons souvent on cherchait noise;
Comme il n'était pas homme à s'effrayer du bruit,

Notre souper n'était ni meilleur, ni plus cuit :
Toujours de haricots une large gamelle (18),
Et pour les engraisser quelques *bouts de chandelle*
Parfois liaient la sauce. Etait-ce un accident?
Au moins le croyait-on, sans perdre un coup de dent.
Ce régime existait durant toute l'année (19);
Comme allait le matin, allait l'après-dînée.

Toutefois de ces murs les jeunes habitans,
Malgré cette rigueur étaient gais et contens.
A cette vie active et réglée et frugale
Ils devaient la santé qu'au monde rien n'égale;
Et si courte que fût la récréation,
Elle suffisait bien à la digestion.
Du matin jusqu'au soir avec de longues mines (20)
Quelle foule empressée assiégeait les latrines,
Restes d'un bain public ou d'un temple païen,
Qu'avait construit jadis l'empereur Julien!
Des rats de la maison c'était la métropole (21);
Ils y tenaient sabbat, ils y tenaient école,
Où les jeunes ratons apprenaient des plus vieux
A vivre d'air puant et de merde comme eux;

Ils ne trouvaient ailleurs aucune victuaille;
Rien ne traînait chez nous, pas même un brin de paille.
Aussi demeuraient-ils au paternel logis,
Et n'étaient point tentés de courir le pays;
Quelques-uns cependant osaient venir en classe,
Alléchés, à coup sûr, par l'odeur de la crasse
Qui couvrait les auteurs remis entre nos mains:
Heureux, s'ils revoyaient leurs foyers souterrains!
Pour nous en vrais croyans, en fermes catholiques,
Nous faisions tous caca sur ces débris antiques.
En vain on se hâtait: pour les besoins pressans
Trente siéges de front n'étaient pas suffisans,
Et si trente chieurs y desserraient les fesses,
Cent autres candidats par de fréquentes vesses,
Par des trépignements et des contorsions,
Témoignaient le désir d'entrer en fonctions.
L'un pour céder plutôt une place exigée,
Renfonçait le haut bout d'une crotte alongée;
Pour un de ses amis un autre par pitié
D'un cas moitié dehors retardait la moitié.
Ceux-ci, culottes bas, déjà prêts à tout faire,
Et las d'attendre en vain le siége d'un confrère,

Chiaient modestement sur le pavé des lieux;
Encore plus pressés ceux-là faisaient bien mieux:
Vite ils se soulageaient; mais toute la journée
Ou la classe, ou l'étude était empoisonnée:
C'est que les malheureux, dans leur triste embarras,
Avaient souillé d'abord l'étui des pays-bas,
Et que n'en ayant qu'un, c'était sur leur derrière
Que séchaient et culotte et fécale matière.

Quand la nuit arrivait, (alors on n'y voit rien)
S'ils se parlaient entr'eux, les chieurs faisaient bien:
Régnait-il au contraire un trop profond silence?
Gare les *quiproquo,* gare quelqu'indécence:
Car d'autres survenaient pour le même besoin,
Qui n'entendant parler ni de près, ni de loin,
Et croyant rencontrer une place vacante,
Se trouvaient tout-à-coup trompés dans leur attente,
Et qui, sans le vouloir, dans ce cas imprévu,
Au premier occupant faisaient baiser leur cu.

Dirai-je tous les cas ou les étrons sans nombre
Qu'on jetait dans la rue à la faveur de l'ombre,

Les uns empaquetés dans des bonnets de nuit,
Les autres dans des sacs comme l'excellent fruit
Qui de Fontainebleau dore la riche treille?
Que de fois les passans en ont eu sur l'oreille,
Et du coup étourdis, ou craignant un malheur,
Se sont mis à crier: *A la garde! au voleur!*
Dirai-je encore ici les vents de toute espèce,
Depuis le pet pimpant jusques à l'humble vesse,
Qui se faisaient entendre ou seulement sentir,
Suivant la liberté qu'ils avaient de sortir?
Par un heureux hasard, durant quelqu'exercice (22),
Qu'un maître vînt à faire une absence propice,
Soit pour aller péter, soit pour aller chier,
(Car le maître chiait autant que l'écolier)
Par un *chemin couvert,* une étroite ouverture
Que de pets s'élançant de leur prison obscure
Précipitaient leur vol dans les airs infectés!
Que d'autres les suivaient coup sur coup répétés,
Semblaient en se choquant se disputer la place,
Et loin de leur pays se perdaient dans l'espace,
Comme s'ils eussent craint, après s'être échappés,
De faire la culbute et d'être rattrapés!

Des fenêtres alors tremblaient toutes les vitres;
On eût pu voir sauter bancs, tables et pupitres;
Et quand il avait lieu, ce joli carillon,
Seul il valait un mois de récréation.
Ainsi de bons soldats rangés dans une plaine,
Même au sein de la paix sont tenus en haleine;
Leur tonnerre est chargé, tout est prêt: au signal
Mille coups redoublés font un bruit infernal.
Tels encore à la voix du Dieu qui les gouverne,
Les aquilons fougueux sortant de leur caverne,
Avec rapidité s'élèvent dans les airs,
Et dans leur choc terrible ébranlent l'univers.

Voilà des haricots l'effet inévitable;
Or tout le monde peut en avoir sur sa table;
On peut y joindre encor des choux et des navets:
Et des milliers d'étrons, de vesses et de pets
En seront le produit. Mais pour un certain monde,
Ce n'est pas là-dessus que le dîner se fonde.

— Pour moi dont l'estomac a peine à s'arranger
Même d'un goujon frit, puis-je donc en manger,

Va me dire d'abord un jeune sybarite?
Ma foi! j'aimerais mieux renverser la marmite.
Je le veux, qu'on en donne aux pauvres écoliers
Qui n'avaient rien de mieux au sein de leurs foyers;
Qui s'y désaltéraient avec l'eau d'une cruche,
Et se sont fait ainsi des estomacs d'autruche.
Mais moi qui fus choyé dès mes plus jeunes ans;
Moi qui ne fus nourri que de mets succulens,
Et pour qui tout exprès dès l'aube matinale
Un pourvoyeur parcourt le carreau de la halle,
Vous voulez qu'aujourd'hui je me bourre de choux,
Comme font les lapins que vous mangez chez vous!
Qu'à de gras ortolans comme un sot je préfère
Vos haricots venteux et vos pommes-de-terre!
Et que me ravalant au niveau des valets,
Je crève dans ma peau boursouflé de navets!
Et cela pour chier à votre fantaisie!
Non, non, petit docteur, je n'en ai nulle envie;
Si je suis constipé, je veux l'être toujours:
Ce n'est qu'à la canaille à chier tous les jours. —

— Monsieur le constipé, (que Dieu vous soit en aide)

Pourquoi donc prenez-vous remède sur remède?
Quoi que vous en disiez, votre cul n'est à l'eau,
Que pour vous alléger d'un trop pesant fardeau.
Vous ne l'ignorez pas; car enfin plus on mange,
Plus dans nos intestins il s'amasse de fange;
Plus on est échauffé, plus elle s'épaissit,
Et comme des cailloux la merde se durcit.
Après les longs tourmens d'une selle forcée,
Souvent votre œil plongea dans la chaise percée:
Qu'y vîtes-vous alors? quelques petits crottins
Ressemblant pour la forme à des *diablotins*,
Pour la couleur au diable; au moins c'est l'ordinaire;
Et bien souvent aussi vous vîtes de l'eau claire,
Si claire elle peut être en jaillissant du cu.
Vous voulez donc chier, oui, j'en suis convaincu:
C'est ce que m'ont prouvé vos lavemens sans nombre:
Et las de conserver tous vos étrons à l'ombre,
Vous voulez, je le vois, en lâcher quelques-uns,
Dussiez-vous ressembler aux gens les plus communs;
Mais vous ne voulez pas changer votre régime.
Prenez garde pourtant d'en être la victime.
En vain pour éviter les plus cruels tourmens,

Vous prendrez chaque jour deux ou trois lavemens:
Jamais vous ne chierez la dose nécessaire,
Tant que vos mets exquis pourront seuls vous complaire.
Puisque vous rejetez choux, navets, haricots,
Je n'insisterai pas; et changeant de propos,
Je veux être avec vous un médecin traitable.

Qu'à déjeûner d'abord on couvre votre table
De fruits mûrs et fondans, ou de beurre ou de lait.
Ne buvez que de l'eau; si l'eau seule déplaît,
Avec un peu de vin de la basse Bourgogne
Vous pouvez la rougir, sans vous rougir la trogne.
Par hasard, le matin, préférez-vous le blanc?
Trempez-le; seul encore il échauffe le sang.
Point de café sur-tout: cette liqueur perfide,
Loin de vous relâcher, vous retient au solide.
Les hures, les pâtés, les languets, le jambon,
Quand ils seraient d'Amiens, de Troye ou de Vierzon,
Gardez-vous d'y toucher; toutes ces cochonailles,
En flattant le palais, consument les entrailles.
Dès ce premier repas, suivez donc mes leçons;
Il prépare de loin le sentier des étrons.

Peut-être le dîner offrira plus d'obstacles;
Mais suivez mes avis, je ferai des miracles.
Choisissez prudemment parmi les mets divers (23),
Que la terre produit, qu'on trouve au sein des mers,
Choisissez, dis-je, ceux que la simple nature
Désigna de tout tems pour votre nourriture:
Ceux-là sont les meilleurs qui coûtent moins de frais.
Pour ceux dont l'art perfide a seul fait les apprêts,
De tous un constipé ne doit pas faire usage.
Ordonnez donc d'abord qu'on vous serve un potage
Où l'oseille ait fondu ses sels rafraîchissans.
Plus de ces consommés, plus de ces restaurans,
Dont l'âcreté mordante et toujours si nuisible
Au bonheur de chier vous rend inaccessible.
Qu'un chapon au gros sel, un moelleux ris-de-veau,
Un poulet gras au blanc, un tendre fricandeau
Relèvent le potage, un jour l'un, un jour l'autre.
Vous n'avez pas sans doute oublié que l'apôtre
Mangeait ce qu'il trouvait: serez-vous malheureux
De n'avoir qu'un seul plat, s'il est délicieux?
J'approuve cependant, quand l'appétit domine,
Qu'un entremets léger augmente la cuisine,

Tel que des épinards apprêtés au bouillon,
Ou tantôt le chou-fleur et tantôt le cardon.
L'asperge de Hollande est encore un légume
Qui vous régalera, du moins je le présume:
Mangez-en quelquefois, mais n'en mangez pas tant,
Si vous appréhendez de pisser trop puant.
Quant à votre dessert, un fruit doit vous suffire.
Voilà comme à dîner il faudra vous conduire.

Pour m'expliquer aussi sur l'article du vin,
Je n'en permets pas plus le soir que le matin.
Mais comme le vin pur, après un bon potage,
Fait tort au médecin, suivant un vieil adage,
Gagnez donc votre écu: car avec ces docteurs,
On n'en a jamais trop, quand on craint les malheurs.
Au reste, un doigt de vin, s'il est bon, ne peut nuire
A celui qui le prend; et j'ose vous prédire
Qu'au bout de quelques jours de si simples repas
Vous feront vers le but avancer à grands pas.
Depuis qu'on dîne à l'heure où soupaient nos grands pères,
Dans beaucoup de maisons on ne soupe plus guères:
Cependant pour conseil prenez votre appétit.

A ce dernier repas, si le cœur vous en dit,
Vous observerez donc plus de régime encore,
Dût la faim vous chasser du lit avant l'aurore.
On pourra vous servir, sans crainte d'accident,
Quelques pruneaux de Tours qui fondront sous la dent,
Un bouillon très-léger, des groseilles confites,
Une tasse de lait, ou bien des pommes cuites.
Comme il faut s'abstenir de graisser le couteau,
Je vous conseille encore un œuf ou deux à l'eau.
Le soir, c'est suffisant, et vous seriez peu sage,
Même ayant appétit, de manger davantage.
Eût-on le ventre libre, ou fût-on constipé,
On ne mourut jamais pour n'avoir point soupé.
C'est en vous conformant à ces lois salutaires,
Que vous ferez un jour des étrons ordinaires.

Il est bien d'autres mets dont l'usage fréquent (24)
Eteindra la chaleur qui durcit l'excrément;
Et si j'allais ici tour-à-tour vous les dire,
Peut-être que l'ennui vous prendroit à me lire;
Or l'ennui qui, dit-on, n'engraisse que les sots,
Seul peut nous constiper. Il est donc à propos

Qu'après avoir prescrit ce que vous devez prendre,
Quand votre cul mutin s'obstine à ne rien rendre :
Il est, dis-je, à propos que vous sachiez aussi
Où l'on doit s'arrêter quand on a réussi.

Comme on a distingué différens pets et vesses (25),
De même il est de cas différentes espèces :
Le premier malgré lui sortant des intestins,
Se coupe, se divise en très-petits crottins ;
C'est malheureusement un cas trop à la mode,
Le plus pénible à faire et le plus incommode ;
Et jamais il ne vient qu'on ne l'ait arrosé.

Le second à paraître un peu plus disposé
Se pousse avec lenteur, en crottes se partage,
Et fait toujours monter des couleurs au visage,
Si par la voie étroite il prétend s'alonger.
Et faire son chemin sans secours étranger.
Des Dames, je le sais, c'est le cas ordinaire ;
Tous les deux ou trois jours c'est leur plus grande affaire ;
Elles l'ont fort à cœur et n'en ont le cul net,
Qu'après une heure au moins passée au cabinet.

Mais les crottes souvent resteraient suspendues,
Sans les précautions aux Dames si connues ;
L'eau de pariétaire ou de graine de lin
Vient mettre à la raison le cas le plus malin;
Et même quelquefois c'est un suppositoire
Dont le jeu répété seul obtient cette gloire.
Je plains de tout mon cœur celles qui font ces cas;
Que ne puis-je aujourd'hui les tirer d'embarras!

Le troisième est le cas, le seul par excellence,
Se composant d'étrons sortis avec aisance,
D'étrons tels qu'on les fait quand on se porte bien,
D'étrons dont la couleur, l'odeur et le maintien
Aux trois quarts des chieurs causent tant d'alégresse,
Que c'est presque toujours à regret qu'on les laisse.
Ce qui console alors, c'est qu'on se croit certain
De pouvoir en chier autant le lendemain.

Après cet heureux cas les autres moins solides
Paraissent en grand nombre au tems des fruits acides,
Et dans le tems encore où sur mille coteaux
Du nectar de Bacchus on remplit les tonneaux.

A cette douce époque, âge d'or de l'année,
Où l'automne paraît de pampres couronnée,
Ceux qui sont constipés, c'est qu'ils le veulent bien,
Car on chie aisément, même on foire d'un rien.
Ainsi dans la saison où l'on voit la groseille,
Le brillant bigarreau, la cerise vermeille
Suspendant à l'envi leurs globules nouveaux,
De rubis éclatans parer les verds rameaux;
Dans cette autre saison des mortels plus chérie,
Où la grappe vineuse en chantant est cueillie:
Qui n'a pas remarqué sur le bord des chemins
D'énormes tas couverts de noyaux, de pépins?
Ces tas si copieux sont plus ou moins fluides,
Et pour auteurs ils ont ou des enfans avides,
Ou de gros paysans ou des manouvriers,
Qui gourmands de ces fruits les mangent tout entiers;
Peut-être c'est aussi pour que rien ne se perde.
Ces cas sont composés ou de BRAN ou de MERDE (26);
Et pour s'y reconnaître à des signes certains,
De tous les curieux les efforts seraient vains,
Si je n'éclaircissais un instant la matière.
L'un gras et bien nourri porte sa tête altière

Comme le chêne antique ou le roc sourcilleux;
Il ne s'élève pas, il est vrai, jusqu'aux cieux,
Mais il en prend la route et monte en pyramide:
Tel est un tas de bran. La merde est plus liquide,
Et malgré les noyaux ou les nombreux pépins
Dont l'appui lui promet de plus heureux destins,
A peine elle est dehors, à peine est-elle en place,
Qu'elle perd en hauteur pour gagner en surface.
Ces cas sont bien communs; j'en ai vu de pareils
Desséchés par les vents, cuits par de grands soleils;
Les os perçaient la peau; c'était de vrais squelettes,
Que les petits garçons appellent des *galettes;*
Ils les heurtent du pied, les prennent à la main,
Et ce qui peut passer pour un jeu de vilain,
C'est qu'ils s'en font entr'eux, quand on ne les arrête,
Des masques sur le nez, des chapeaux sur la tête.
De-là tant de noyaux au loin éparpillés,
(Car ils ne sont pas tous par la chaleur grillés)
De-là tant de noyaux s'enfonçant dans la terre,
Font venir des pruniers où vous n'y comptiez guère;
De-là ces pruneaux noirs circulant dans Paris (27)
Après *quasimodo* sont vendus à vil prix,

Et conservant le goût de leur sale origine,
Vous font aller par bas comme une médecine.
Au reste, ces cas-là, quoiqu'ils soient prodigués,
Après les beaux étrons sont les plus distingués,
Et valent mieux cent fois que des selles factices.
Je souhaite aux lecteurs, je souhaite aux lectrices
Qui font avec effort une crotte par jour,
De faire de la merde et du bran tour-à-tour;
Mais sans aller plus loin: car après vient la foire,
Et c'est de tous les cas, si j'ai bonne mémoire,
Le plus désagréable et le plus malheureux.

Évitez donc les mets qui vous rendraient foireux.
Il en est qui d'abord ne semblent point contraires,
Et qui de votre cul vous feront tributaires:
Tel est le veau qu'on mange aussi-tôt qu'il est né.
Hélas! je me souviens d'un tems infortuné,
Où je fus tout un mois en butte à la courante;
Et j'avais cependant une faim dévorante,
Qui renaissant toujours, toujours entretenait
L'incommode besoin d'aller au cabinet.
A peine de retour, croyant en être quitte,

Vite il fallait y faire encore une visite.
Que j'ai rempli souvent le vaste pot de nuit
Pour de petits besoins placé près de mon lit!
Toutefois j'aurais pris mon mal en patience
Sans la vivacité, sans cette pétulance
Que nous partageons tous au printems de nos jours:
Quoi qu'en disent les vieux, il faut qu'elle ait son cours.
Je n'écoutais personne. Un oncle dont la cure
Valait trois mille francs, bien payés en nature,
Me gourmandait sans cesse et me prêchait en vain.
J'étais donc tous les jours par voie et par chemin,
Et j'allais avec lui tantôt chez un confrère,
Tantôt chez un seigneur qui faisait bonne chère.
Au petit presbytère ou dans le grand château
On se rendait à pied, en voiture, ou par eau,
Et l'éloignement seul décidait la manière
De faire le voyage. O mon pauvre derrière!
Que de fois en chemin je t'exposai tout nu
Aux injures de l'air, comme le plus vil cu!
Il le fallait, ou bien foirer dans mes culottes.
Arrivés, nous mangions civets et matelottes,
Et cailles et pigeons, et perdrix et faisans,

Et beaucoup d'autres mets délicats, succulens.
Quand on n'est pas plus sobre alors qu'on a la foire,
Et qu'on veut sans raison jouer de la mâchoire,
On la garde, on l'augmente, et loin de s'en guérir,
Pour foirer à la hâte, il faut toujours courir:
Car on sait qu'il n'est pas moyen qu'on se retienne.
Le reste de mes jours j'aurais gardé la mienne,
Si je n'avais pas eu l'honneur et les profits
De quelques grands dîners les meilleurs que je fis.
Le lecteur pénétrant sans doute me devine:
Comme moi de Clervaux il connut la cuisine.
Bienheureux Bernardins, pourquoi n'êtes-vous plus?
Qui savait mieux que vous manger le superflus?
Pendant huit jours entiers je fus à votre table,
Et mon flux d'excrémens jusqu'alors incurable,
Se passa tout-à-coup, grâce aux coulis sans fin,
Dont on assaisonnait chevreuil et marcassin.
Mais à ces bons morceaux qui firent mes délices,
On n'avait pas sans doute épargné les épices;
Je n'y prenais pas garde, et j'avais soin sur-tout
De voir si tous les vins étaient du même goût.
Dieu sait comme en huit jours j'ai sablé du Champagne!

Ces lieux furent pour moi le pays de cocagne,
Un véritable Eden; enfin j'étais venu
Avec l'estomac faible, avec la foire au cu;
Je prenais sans raison double et triple pitance,
Jamais je n'avais fait une telle bombance;
Je mangeais plus qu'un moine; et lorsque j'en sortis,
Je crois que j'emportai tout ce que j'avais pris.
Puisque je vis encor, j'ai fini par tout rendre.

Vous qui foirez aussi, n'allez pas vous attendre
A semblable bonheur; car si j'ai réussi,
Il n'en est pas moins fou de se conduire ainsi.

Et vous dont l'estomac aisément se dérange,
Ménagez-le sur-tout au tems de la vendange;
Car les raisins de vigne, ou pourris ou trop verds,
Vous auront bientôt mis le *rectum* à l'envers.
Voyez-vous comme alors sur de rians rivages
La foire coule à flots et fait d'affreux ravages?
Voyez-vous ces gloutons, pires que les moineaux,
Des fleuves transparens empoisonner les eaux?
La colique et les pets leur tordent les entrailles;

Leur ventre cependant, semblable à des futailles,
Engloutit chaque jour des torrens de vin doux.
Mais c'est du bien perdu, goinfres, arrêtez-vous.
Puisque ce jus divin promptement tourne en foire,
Ne vaudrait-il pas mieux attendre pour le boire?
Aimez-vous le raisin? Le raisin le plus beau (28)
Dans les sables brûlans croît à Fontainebleau;
Les grappes sous leur poids y font courber les treilles.
Venez; de chasselas mille pleines corbeilles
(Notez que le renard pisse toujours dessus)
Pour vous désaltérer épanchent un doux jus.
Venez; de la forêt les roches escarpées
Font chier de gros tas quand on les a grimpées.
D'ailleurs la ville est bonne: avec beaucoup d'argent
On y reçoit par-tout un accueil obligeant.
Un libraire *assorti* vous fournira des livres,
Phétu d'excellens vins, et *Hariel* des vivres.
Si l'Empereur y vient pendant votre séjour,
Vous le verrez sans faste au milieu de sa cour.
Venez; ne craignez point *la vipère nouvelle* (29),
Que connaissait déjà l'histoire naturelle:
Cette *vipère-aspic,* dont le docteur P.....

Disserte longuement dans un petit livret.
Qu'on l'entende, il dira que ce malin reptile,
Si l'on ne le détruit, va dépeupler la ville :
Nenni ; car la forêt est pleine d'amoureux
Qui reviennent à trois, quand ils sont allés deux.

Pour vous dont le bas-ventre aussi dur qu'une roche (30)
Ne peut se comparer qu'à *la mouche du coche,*
Si vous voulez changer vos crottins en étrons,
Écoutez jusqu'au bout mes utiles leçons.

FIN DU DEUXIÈME CHANT.

LA CHÉZONOMIE,

CHANT TROISIÈME.

CHANT III

CHANT TROISIÈME.

HEUREUX qui mange fort, plus heureux qui digère! (3)
Sans la digestion point d'étrons sur la terre.

Lors donc que vous aurez lesté votre estomac,
Non d'après les conseils *du faiseur d'almanach,*
De ce vieil amateur, dont la fertile plume
Doit une fois par an nous donner un volume,
Que de l'empire entier s'arrachent les gourmands:
Mais d'après les leçons que renferment mes chants,
Au soin de digérer livrez-vous sans relâche.
Eh! ce n'est pas non plus une facile tâche,
Puisque de-là dépend la nature du cas
Que votre cul trop plein doit bientôt mettre bas.

O vous dont le génie aspirant à la gloire
Captive les faveurs des filles de mémoire;
Vous, artistes, savans, poëtes, orateurs,

Si pour vous le travail a des attraits flatteurs,
Si vous vous complaisez à cultiver sans cesse
Des talens que jadis eût couronnés la Grèce;
Au moins reposez-vous, quand vous avez dîné;
Rien ne constipe tant qu'un travail obstiné.

Suffit-il en effet que le génie enfante
Des chefs-d'œuvre qu'un jour Didot doit mettre en vente?
Suffit-il d'employer ou le marbre ou l'airain
A rendre un mort fameux notre contemporain:
De donner de la vie à la toile grossière,
Et de montrer Hector traîné dans la poussière?
Pour avoir le front ceint du laurier d'Apollon,
Faut-il donc sans pitié vexer un pauvre étron?
De votre zèle outré, du feu qui vous anime,
Malgré l'ordre établi, faut-il qu'il soit victime,
Et garde les arrêts durant des mois entiers?
Des mortels en talens vous êtes les premiers;
Mais, dites-moi, quel rang tiendra votre derrière,
Si l'étude à la fin peut fermer la barrière,
Qu'un besoin renaissant chaque jour doit ouvrir?
Après votre repas songez qu'il faut courir;

Suspendez vos travaux; prenez de l'exercice;
Ainsi digérant bien, vous pourrez dans la lice
Entrer aû point du jour avec les bons chieurs,
Et faire des étrons enviés des lecteurs.

Mille jeux variés qu'un autre a pu décrire (32),
Doivent par leurs attraits à ce but vous conduire.
Je ne vous parle pas du triste *domino,*
Du tranquille *piquet,* de l'ennuyeux *loto;*
Mais de ces jeux bruyans, images de la guerre,
Qui feraient, au besoin, digérer de la pierre.

Du cheval aimez-vous le noble mouvement?
Pour voler sur son dos, montez-le hardiment;
Parcourez avec lui les vallons et la plaine,
Et pour mieux la vider secouez la bédaine.
Imitez cet enfant brave comme Annibal;
On voulait de carton lui donner un cheval:
Non, dit-il, ces chevaux ne me font plus envie;
Qu'on m'en donne un qui mange, et qui coure et qui chie.
Mais ne vous juchez pas sur un vieux *locati,*
Qui voudrait s'arrêter dès qu'il serait parti,

Et dont le trot pesant vous écorchant les fesses,
Pourrait intercepter le passage des vesses,
A plus forte raison l'embouchure au caca.
Ainsi plus d'une fois celui qui s'y risqua,
Au moment redouté de pousser une selle,
Souffrit une douleur et cuisante et cruelle.

Que si vous ne montez, de crainte d'accident (33),
Le docile animal né d'un coup de trident,
De vos jambes alors vous avez la ressource.
Une canne à la main, prenez donc votre course;
Des monts et des rochers gravissez les sommets;
Vous soufflerez un peu, vous ferez quelques pets:
Tant mieux pour vous; tant pis pour ceux qui sont derrière,
Cependant le dîner doucement se digère,
C'est le point principal. Mais une fois en train,
A l'ardeur de courir tâchez de mettre un frein;
Car si le mouvement au corps est salutaire,
L'exercice forcé produit l'effet contraire.
Vous pourrez en chemin rencontrer quelquefois
Un essaim d'écoliers jouant tous à la fois:
Considérez leurs jeux, prenez-les pour modèles,

Et vous verrez toujours vos intestins fidèles
Vous rendre volontiers en étrons bien nourris
Le reste impur des mets que la bouche aura pris.

Toutefois certains jeux exigeant la souplesse
Que le ciel seulement accorde à la jeunesse,
Il ne vous siérait pas de les essayer tous:
Avant de commencer, comme on dit, tâtez-vous.
Par exemple, je crois que la jeunesse seule (34)
Doit exclusivement jouer *à pet-en-gueule;*
Même passé douze ans il paraît convenu
D'abandonner aussi *le jeu de broche-en-cu,*
C'est se priver de peu; d'autres vous dédommagent,
Et plus que ces deux-là peut-être vous soulagent.
D'une *vessie* enflée et couverte d'un cuir
Venez vous emparer, et faites-la bondir.
Sur le pied, sur la main, sur le dos, sur la tête,
Pour la bien recevoir l'adresse est toujours prête,
Et presque sans effort la lançant vers les cieux,
Attrape avec plaisir le nez d'un curieux.
A la faveur du bruit d'un pareil exercice
Tout vent qui se présente à certain orifice

S'échappe impunément; et fît-il du fracas,
Au milieu du tapage il ne s'entendrait pas.

Au ballon bondissant préférez-vous la boule (35)?
Que poussée avec art vers le but elle roule,
Et puisse en écarter celle de l'ennemi
Qui dans son poste heureux se croyait affermi.
A ce jeu, par malheur, très-souvent on se baisse;
Le cul se trouve en l'air, et le bas-ventre en presse;
Ce qui n'est pas trop sain: convenez entre vous
Qu'on pourra sans façon souffler par les deux bouts.
Autrement ce jeu-là, loin d'être favorable,
Après un bon dîner serait insupportable,
Et la digestion se ferait lentement.

Le palet à son tour n'est pas sans agrément;
Et comme il fait d'ailleurs aller, trotter sans cesse,
Il guérit l'estomac d'un excès de paresse.

Quand le tems à couvert retient le plus hardi,
Poussez contre l'ivoire un ivoire arrondi;
Ne vous endormez pas, si ce jeu peut vous plaire;

Eloignez, éloignez, collez votre adversaire,
Et sans faire un seul point gardez de vous blouser :
Car *le cul de la vieille* est là pour le baiser.
Redoutez donc l'instant où la toile fâcheuse
Vous mettrait sur le nez une fesse hideuse.

Mais sur un sable uni des cônes alongés (36),
Et comme des soldats en bataillons rangés,
N'attendent que l'instant où l'on doit les abattre.
Déjà deux contre deux, ou quatre contre quatre,
Vous emparant d'un bois sur lui-même roulant,
Je vous vois attaquer cet escadron tremblant.
Tel se croit sûr du gain et de joie étincelle,
Lorsque sur son niveau la quille qui chancelle
Dérange ses calculs en tombant tout-à-coup,
Et du nombre exigé le recule beaucoup.
Un autre en fait autant et la bande joyeuse
De gagner entretient l'espérance trompeuse,
Jusqu'au coup décisif où l'un des combattans
Obtient l'heureux succès désiré si long-tems.]
Plus la partie est longue, et plus elle est utile,
Puisque son mouvement laisse l'esprit tranquille,

Et donne le loisir de digérer en paix.

Vous donc pour qui la gloire a de si grands attraits,
Songez bien qu'elle n'est qu'une vaine fumée;
Si plus que de raison l'âme en est affamée,
Le corps s'use bientôt, vous ne digérez plus,
Et pour la terre, hélas! combien d'étrons perdus!

Mais le tems, direz-vous, s'enfuit à tire-d'aile;
Que fera le talent qui ralentit son zèle?
Il doit toujours avoir, et c'est le plus certain,
Le ciseau, la palette, ou la plume à la main,
S'il veut dans l'avenir être à jamais célèbre,
Et mériter un jour *une oraison funèbre.*

Le talent extravague en raisonnant ainsi.
Dans les siècles passés combien ont réussi
A se faire un grand nom par d'excellens ouvrages
Que la postérité transmit à tous les âges,
Sans que durant leur vie on les ait jamais vus
Et le jour et la nuit au travail assidus!
Pensez-vous que Sophocle, Euripide et Corneille

N'aient pas toujours dormi sur l'une et l'autre oreille?
Pour vous déterminer à prendre du repos,
Vous parlerai-je ici de sages, de héros?
Puis donc que vous avez tant de peine à vous vaincre,
Par des citations tâchons de vous convaincre.
Exprès pour s'amuser Socrate, nous dit-on (37),
A cheval tous les jours allait sur un bâton;
Et Socrate, à coup sûr, était d'une autre étoffe
Que l'homme d'aujourd'hui qui se dit philosophe.
L'auteur de l'apologue, Ésope quelquefois (38)
Au milieu des enfans, comme eux jouait aux noix;
Surpris par un railleur, son excuse fut prompte,
Et le railleur s'enfuit avec sa courte honte.
L'un des grands Scipions d'un caillou frappant l'air,
Faisait des ricochets sur le bord de la mer;
Et mille autres encore, en agissant de même,
Vous ont prouvé l'abus de votre faux système.
Ainsi pour digérer après votre repas,
A l'étude, au travail ne vous livrez donc pas.
C'est peu; sans fausse honte imitez au contraire
De vos prédécesseurs l'exemple salutaire.
Ils ont eu du génie, ils ont eu des talens;

De les faire valoir ils ont trouvé le tems;
Leurs travaux, leur sagesse ont illustré le monde;
Enfin comme un bon sol leur tète fut féconde;
Mais loin d'être réduit à la stérilité,
Leur derrière eût pris part à leur célébrité,
Si le tems conservait les étrons sur la terre.
Par malheur, aux étrons tout déclare la guerre:
Autrement que de cas couvriraient l'horizon!

Toutefois ces conseils ne sont pas de saison (39)
Pour les talens divers que possède la France.
Maint poëte sur-tout y chie avec aisance.
On achète si peu la réputation,
Que sans troubler le cours de sa digestion,
On en jouit souvent pour le plus mince ouvrage.
Si quelques-uns encor se gênent davantage,
C'est qu'un *certain abbé* rigoureux à l'excès,
Veut que dans tous les points on mérite un succès.
En vain on publiera les plus beaux vers du monde:
Il approuve les vers, et le plan, il le fronde;
Et quoiqu'on se travaille à lui trouver des torts,
Pour former les vivans, il exhume les morts.

Au fond de son tombeau Voltaire est-il tranquille?
Il est vrai que d'ailleurs cet homme difficile
A soin de nous citer pour modèles du beau,
Corneille, Lafontaine, et Racine et Boileau.
Quant aux auteurs vivans, aristarque sévère,
Il leur fait sans pitié la plus terrible guerre.
Plus ils ont de talent, plus il exige d'eux;
On croirait que d'avance il tient de nos neveux
Le pouvoir exclusif d'*assommer* les ouvrages
Qui ne méritent pas de traverser les âges.
Ah! s'il s'en prend à moi.... mais je sais bien où
Trouver quelque moyen *de lui river son clou.*
De pied ferme j'attends *le feuilleton critique,*
Et ne veux employer qu'un seul vers pour réplique.

Cependant laissons là cette digression,
Et revenons enfin à la digestion.

Vous qu'on pourrait nommer enfans de la fortune,
Vous à qui la richesse est souvent importune,
En vain vous renoncez à vos mets succulens:
Si vous ne faites pas un autre emploi du tems,

Votre faible estomac refuse le service.
Allons, que tardez-vous? qu'un fréquent exercice
A travers cent canaux filtrant votre souper,
Cesse de vous pâlir et de vous constiper.
Mais vous passez les nuits à faire des bouillottes.....
Eh, morbleu! digérez et faites-moi des crottes.
Heureux, en excrémens si vous ne gardez rien;
Malheureux, si votre or est devenu le mien:
Qui pourrait retenir votre esprit en balance?
Laissez ce tapis verd, et que plutôt la danse
Sur un parquet poudreux précipitant vos pas
Aux confins de l'échine accélère un gros cas.

Que si vous n'aimez pas toutes ces cabrioles
Qui font tourner la tête aux jeunes gens frivoles,
Et dont l'amour extrême aux autres arts fatal
Change l'année entière en joyeux carnaval;
Il est un jeu bruyant dont l'aimable folie
Peut charmer au salon la bonne compagnie;
C'est le *Colin-Maillard* qui vous rend tour-à-tour
Aussi vifs, aussi gais, aussi fous que l'Amour;
Qui par sauts et par bonds exerçant tout son monde,

Vous force à parcourir une fois par seconde
Le plus vaste salon d'un spacieux hôtel,
Et qui transforme un sage en *aveugle* mortel.
Croyez-moi, l'exercice est bon à toutes sauces;
Ce jeu vous fera rire à pisser dans vos chausses;
Enfin, de tems en tems ne le dédaignez pas.
J'ai vu de *gros bonnets,* de graves magistrats,
Et le jeune *marquis,* et la vive *comtesse,*
Le bandeau sur les yeux faire assaut de vitesse.
J'ai vu même ce jeu finir assez souvent
Par une autre folie, un tableau plus mouvant.
A l'*aveugle Colin* faisait-on quelque niche?
Aussi-tôt l'étourdi, plus prompt qu'un faon de biche,
Détachait le mouchoir dont il armait son bras,
Et frappait sur tous ceux qu'il trouvait sur ses pas.
Pour éviter des coups l'assommante poursuite,
Chacun cherchait d'abord son salut dans la fuite;
Les coups tombaient toujours: mais las d'en recevoir
Enfin, un plus adroit s'emparait du mouchoir,
Et poursuivait de près, ardent à la vengeance,
Le *Colin* à son tour fuyant en diligence.
Les autres avec soin avaient beau se ranger,

Leur dos souvent meurtri prenait part au danger.
A force d'attraper des coups à la volée,
Cependant au combat s'animait l'assemblée,
Qui par des cris aigus en donnait le signal.
Aux meubles seulement il devenait fatal.
A l'instant les coussins des sofas, des bergères
Volaient, et dans leur vol agitant les lumières,
Retombaient à grand bruit sur tous les combattans,
Qui se les renvoyaient sans amuser le temps.
A défaut des coussins, au fort de la tempête,
Chapeaux, gants, éventails, tout était de la fête.
L'un du dos d'un fauteuil se faisait un rempart;
L'autre avec un écran parait le coup trop tard.
Celui-ci qu'aveuglait un torrent de poussière,
Pendant que l'ennemi l'étrillait par derrière,
Sur un vieux canapé se vengeait par devant,
Croyant y voir quelqu'un qui s'y cachait souvent.
L'assemblée avait donc aussi son Don-Quichotte
S'escrimant de son mieux, mais à propos de botte.
Celui-là s'emparant du coussin le plus lourd,
Criait comme un aveugle, et frappait comme un sourd.
Les Dames au combat n'étant pas les plus fortes,

Avant d'en voir la fin, s'esquivaient par les portes,
Et laissaient sans envie aux plus vaillans guerriers
Le fatigant honneur de cueillir des lauriers;
Les hommes les suivaient; et le champ de bataille
Faisait le lendemain jurer la valetaille.

Ainsi le mouvement et l'agitation
Aident, sans qu'on y pense, à la digestion.
Mais le plus beau du jeu, c'est qu'il tourne à la merde;
On est toujours content soit qu'on gagne ou qu'on perde.
Que dis-je? on n'y perd point, on y gagne toujours:
C'est un si grand bonheur de chier tous les jours!

Quand j'ai vu de ces jeux, c'était à la campagne.
Le maître du château, son aimable compagne
S'y prêtaient de bon cœur, et d'un signe soudain,
Les premiers quelquefois mettaient leur monde en train.
Toujours la compagnie était assez nombreuse.
L'hôte est-il noble et grand, l'hôtesse généreuse (41)?
On vient de toutes parts, on s'empresse, on accourt;
Le trajet le moins long n'est jamais assez court.
Ce n'est pas que la chère y fût très-délicate,

Ou bien que le couvert fût en vaisselle plate;
Dans l'argile émaillée on servait sans façon
Une pièce de bœuf, un gigot de mouton;
De plus, la basse-cour fournissait de volailles.
A l'égard des perdrix, des levreaux et des cailles,
On en servait aussi lorsque les *hobereaux*
Ne jetaient pas leur plomb, ni leur poudre aux moineaux.
Du reste, tout allait à la bonne franquette;
S'il survenait quelqu'un, on faisait l'omelette.
Il n'est, dit-on souvent, sauce que d'appétit;
Or personne au château n'en avait un petit.
On mangeait donc beaucoup. D'ailleurs c'était merveille
Comme à table on vidait bouteille sur bouteille;
Et grace au mouvement qui suivait les repas,
On digérait si bien qu'on ne le sentait pas.
Aussi tous les valets et les femmes-de-chambre,
Pour vider certains pots qui n'étaient pas pleins d'ambre,
Ni de musc, mais de bran, ou de merde, ou d'étrons,
Courant à qui mieux mieux, s'écorchaient les talons.
Champagne, de travers transportant sa potée,
Renversait du caca le long de la montée.
La Fleur, entre deux vins, en répandait encor

Sur ses mains, sur ses pieds et dans le corridor.
Pour la jeune *Marton,* avec beaucoup d'adresse
Elle portait son vase: on eût dit la prêtresse
Au regard hypocrite, au petit air sucré,
Dans un vieil opéra portant le feu sacré.
Mais si de son côté, vaquant à son service,
Bourguignon rencontrait la soubrette *novice,*
Et voulait en passant lui ravir un baiser;
Marton faisait au moins mine de refuser;
A peine il était pris que *Marton,* par grimace,
Brisait avec fracas son vase sur la place.
Cependant vers les lieux au caca destinés
D'autres portaient des pots et se bouchaient le nez,
A l'*office* aimant mieux se verser des rasades,
Que d'aller réunir à leurs vieux camarades
Les étrons nouveau-nés dont ils étaient porteurs.
Il est vrai que souvent ils y joignaient les leurs,
Les leurs qui, tout pesé, valaient ceux de leurs maîtres:
Pour chier comme il faut, qu'a-t-on besoin d'ancêtres?
Combien de grands seigneurs ayant le cul trop net,
L'aimeraient barbouillé tel qu'un cul de valet!
Quand je dis barbouillé, c'est au moment qu'on chie,

Puisqu'après avec soin l'homme bien né s'essuie,
Et n'est pas embrené comme ces vils goujats,
Qui laissent à leur cul pendre des reliquats.

Les riches constipés ont encor des ressources
Qui des étrons pour eux entr'ouvriront les sources;
Et la chasse d'abord en offre le moyen.
Vous dont les excrémens se réduisent à rien,
Quoique trois fois par jour vous fassiez grande chère,
Allons, qu'on s'évertue; armez-vous d'un tonnerre;
Courez avec vos chiens et par monts et par vaux,
Et du moins en passant faites peur aux levreaux.
Mais vos chiens ont du nez, vous tirez assez juste:
Je plains donc le lapin qui rongeant un arbuste,
Contre le plomb fatal se croit en sûreté;
C'est son dernier repas; la mort est à côté.
Le soleil un instant brille encor sur sa tête;
Bientôt pour le frapper la foudre est toute prête;
L'éclair brille: le chien bondit au coup qui part.

Poursuivez. Des perdreaux reposent à l'écart
Dans les champs où Cérès prodiguant ses largesses,

Du bon cultivateur augmente les richesses :
C'est encor votre chien qui va les découvrir ;
Son guide est son instinct ; laissez-le donc courir ;
Il cherche, il flaire, il trouve, il demeure immobile ;
Hâtez-vous : sous son nez est toute une famille
Qui prenant son essor dès que vous avancez,
Va livrer à vos coups ses membres dispersés.
C'est ainsi qu'occupés du plaisir de la chasse
Vous parviendrez toujours à faire de la place
Pour de nouveaux repas qui d'un autre côté
Forceront le derrière à la fécondité.
Car *un clou chasse l'autre :* et ce dicton vulgaire
Qui souvent fait manger bien plus qu'à l'ordinaire,
Peut comme aux alimens s'appliquer aux étrons.

Mais je puis vous donner encor d'autres leçons,
Qu'il dépendra de vous de rendre très-utiles.
Imitez quelquefois les artisans des villes,
Et pour passer le temps qui vous semble ennuyeux,
Parmi tous les métiers (ils sont assez nombreux)
Sachez en choisir un dont le travail pénible
Rende de l'estomac le ressort plus flexible.

Le dernier de nos rois, ce malheureux Bourbon (42),
Qui peut-être vivrait s'il n'eût été trop bon,
Façonnait une clef, forgeait une serrure;
Le marteau le plus lourd, la lime la plus dure,
Il en armait ses mains. Vous n'êtes pas, je croi,
Plus fiers, plus gros seigneurs, plus délicats qu'un roi.
Si pourtant vous craignez le métier du cyclope,
Qui vous empêchera de pousser la varlope,
D'*assembler* une table, un placard, un bureau,
Et de suivre en ce point les leçons de Rousseau?
Des préceptes nouveaux qu'il donne à son *Emile* (43),
Voilà le plus prudent comme le plus utile.
Par un de ces revers si communs de nos jours,
Vous, riches, vous pouvez ne pas l'être toujours.
Plutus de ses trésors tarit souvent la source,
Et l'utile rabot devient une ressource;
D'ailleurs en le poussant, de la digestion
L'ouvrier, quel qu'il soit, excite l'action.
La digestion faite, il n'est pas difficile
D'expulser les étrons du triste et sombre asyle,
Où les vieux constipés les gardent si long-temps.

Avez-vous le bonheur de vivre dans les champs?
Combien d'autres moyens s'offriront sans relâche,
Pour aider l'estomac à bien remplir sa tâche!
L'air seul qu'on y respire est si bon digestif,
Qu'à terme il fait venir le cas le plus rétif.
Oui, tel qui dans Paris, n'enfante que des crottes,
Dont mille tout au plus empliraient ses culottes,
S'il peut aller passer quelque temps au hameau,
Verra bientôt son cul produire du nouveau.
Dès l'aube matinale il ne sera plus maître
De retenir son cas empressé de paraître,
Et joyeux à l'aspect de ce cas étoffé,
Qui fumera vraiment comme un *auto-da-fé,*
Que pourra-t-il encore envier à la ville?

Si pour vous procurer une selle facile,
Un air pur ne suffit, que l'exercice encor
Au cas récalcitrant fasse prendre l'essor.
Vous n'avez rien à craindre avec de l'exercice;
Vous digérez: dès-lors il faut que l'étron glisse.
Eh! le corps n'est-il pas comme un vase trop plein?
Qu'on l'agite; il déborde, il se vide à la fin.

Parcourez donc les lieux que Plutus donne à Flore (44),
Agréable domaine où l'œillet se colore,
Où la rose éclatante et le lys orgueilleux,
En flattant l'odorat, font le charme des yeux.
Qu'avec précaution votre main protectrice
Frappe d'un fer tranchant la ronce usurpatrice.
Coupez ces jets hardis, luxe des arbrisseaux,
Que l'art en vos jardins arrondit en berceaux;
Et qu'une onde limpide en cascade épanchée
Ranime l'anémone à demi-desséchée.

Mais c'est le potager qui réclame vos soins,
Puisque le potager fournit à vos besoins.
Savant avec un livre, en cette œuvre profane (45),
Je ne redirai pas ce qu'a bien dit *Lalanne.*
Sachez donc seulement qu'afin de mieux chier,
Le riche peut sans honte aider son jardinier.
Avec la ratissoire un jour il se promène,
Et détruit le chien-dent qui recouvre l'arène;
Un autre jour, s'il voit que l'oignon, le chou-fleur
Languissent dans leur coin brûlés par la chaleur:
S'il voit l'oseille acide et la douce laitue

Résister avec peine au soleil qui les tue;
Il ne dédaigne pas de prendre un arrosoir,
Et d'aller mille fois puiser au réservoir
Le liquide cristal qui les rend à la vie.
Tel un ruisseau qui coule à travers la prairie,
Sur ses bords verdoyans entretient la fraîcheur.

Et c'est peu. Quelquefois devenant laboureur,
Comme Cincinnatus, un gros propriétaire
Enfoncera le soc dans le sein de la terre.
Si ce travail est dur, on sait qu'il est des jeux
Qui lassent presqu'autant les bras les plus nerveux.
En nous mettant parfois à la plus rude épreuve,
Les Barres et *la Paume* en fournissent la preuve.
La partie intéresse, on voudrait la finir;
Bientôt chacun se traîne alors qu'il faut courir;
Quoiqu'on n'en puisse plus, à jouer on s'obstine;
Enfin tant bien que mal le combat se termine.
Mais en fatiguant trop, on a mal digéré,
Et le boyau merdeux n'en est que plus serré.
On chierait davantage à rester sur sa chaise.
Que je laboure un champ, je n'en prends qu'à mon aise;

Je quitte, si je veux, au bout de mon sillon,
Et je tâche en partant d'y laisser un étron :
Il est toujours mieux là qu'au milieu de la rue.
Après c'est mon chartier qui reprend la charrue.

Si donc aux bons conseils que je vous ai donnés,
En lecteurs confians vous vous abandonnez,
Vous qu'à faire caca je prétendis instruire ;
En gros et gras étrons vous pourrez voir réduire
Ces excrémens durcis, ces rebelles crottins
Qui s'amassent sans cesse autour des intestins.
Mais dans l'art de chier si vainement adeptes,
Vous passez à pieds joints par-dessus mes préceptes,
Croyez-moi, par prudence au croc pendez vos dents ;
Car loin de se changer en cacas abondans,
Et de suivre par bas leur pente naturelle,
Vos alimens seront une source éternelle
De mille maux affreux dont j'ignore les noms ;
Et lorsque vous verrez fumer de beaux étrons,
A leurs auteurs joufflus vous porterez envie.
Doutez-vous en effet s'il importe qu'on chie ?
Sans parler du besoin, qu'un exemple frappant

Vous prouve que de-là le vrai bonheur dépend.

Héritier d'un grand nom, d'une richesse immense,
L'unique et jeune fils d'un duc et pair de France
En province, à l'armée, à Paris, à la cour
Menait le plus grand train et mangeait en un jour
De quoi faire exister un an plusieurs familles.
Aimable, aimé par-tout, les femmes et les filles
Comme époux, comme amant auraient voulu l'avoir;
Fier sultan, qu'à la ronde il jetât le mouchoir,
D'avance il avait fait la plus belle conquête:
Les dames, en un mot, se jetaient à sa tête.
Il tenait table ouverte où de puissans seigneurs
Briguaient son amitié, recherchaient ses faveurs.
Du reste les plaisirs auxquels on peut prétendre
Lorsqu'à plein coffre-fort il ne reste qu'à prendre,
Il les réunissait dans quelqu'endroit qu'il fût:
Tous les arts à la fois lui payaient leur tribut.
Enfin à son égard la fortune constante
Prévenait chaque jour et passait sans attente.
Malgré tant de faveurs, il n'était pas heureux,
Et le premier des biens échappait à ses vœux.

La santé! la santé! sans elle dans la vie
Que me fait une table abondamment servie?
A quoi bon tant de mets rares, délicieux,
Si pour mon estomac ils sont pernicieux,
Et dans ses fonctions si le peu que je mange
Loin de me profiter, le trouble et le dérange?
C'est là qu'était réduit mon illustre héros.
Du bout des dents à peine osant ronger des os,
A sa table il était comme un autre Tantale.
On chie *au prorata* de ce que l'on avale:
En avalant si peu, vous sentez donc fort bien
Que mon jeune seigneur par bas ne rendait rien.
Pour manger et chier comme un gueux mange et chie
Il eût, ma foi, donné toute sa seigneurie.
Un jour qu'il avait pris maint et maint lavement
Sans avoir obtenu l'ombre d'un excrément,
Désespéré, chez lui ne tenant pas en place,
Il va se promener le long d'une terrasse:
« Enfin ce n'est donc plus qu'au jeu du *corbillon*
» Qu'il me sera permis de placer un étron, »
Disait-il en courant: on l'eût pris à son geste,
Pour un petit Talma dans *les fureurs d'Oreste*.

Bientôt n'en pouvant plus, il s'assied sur un mur,
Canapé que sans doute il dut trouver fort dur,
Et là reste à siffler, à bayer aux corneilles.
Tout-à-coup un bruit sourd vient frapper ses oreilles,
Un bruit de pets foireux aux vents abandonnés.
Il se tourne, il se penche et juste sous son nez
Il découvre un grivois, tambour des *Gardes-Suisses*,
Qui, la tête en avant, chiait avec délices;
Il contemple d'en haut ce fortuné chieur.
Mais la merde d'un Suisse exhale force odeur (46)
Qu'on sent et qu'on respire avant de l'avoir vue,
Et le duc de crier: AH! LE COQUIN, QU'IL PUE!
Pour cinq sols que le roi me fait donner par jour,
Vous chierai-je du musc, réplique le tambour?
Le jeune constipé riant de la saillie,
Appelle mon vilain, le régale et le prie
De lui dire comment, par quel heureux secret
Il peut sans nul effort chier autant qu'il fait.
Monseigneur, lui dit-il, *ma recette est aisée.*
Voulez-vous que vos cas plus prompts qu'une fusée
Partent tous les matins? vivez comme un soldat,
Soyez sobre, courez, couchez sur un grabat,

Ainsi fit mon héros. Durant quelques semaines
Il se réfugia dans l'un de ses domaines,
Où sans se rebuter pratiquant les leçons
Qui font chier les rois autant que les maçons,
Il parvint dans la suite à rouvrir la barrière
A cent petits étrons demeurés en arrière.
Enfin avec le tems le moule s'agrandit;
Son cas de jour en jour devint donc moins petit;
Et s'il n'en fit jamais d'aussi gros que son maître,
C'est que le trou du cul s'y prêtait moins peut-être.

FIN DU TROISIÈME CHANT.

LA CHÉZONOMIE,

CHANT QUATRIÈME.

CHANT IV

CHANT QUATRIÈME.

Le souper de la veille au mieux est digéré;
Enfin le tems perdu sera donc réparé.
Allons, mes chers amis, c'est à présent qu'on chie;
De chier, grâce à moi, vous avez grande envie....
Eh bien! courez gaîment: mille commodités
A vos étrons dodus s'ouvrent de tous côtés;
Courez, messieurs, sinon craignez pour vos culottes;
Vous, mesdames, courez, ou craignez pour vos cottes.
Mais dans un cas pressé, si l'on chie où l'on peut,
Quel bonheur, quel plaisir de chier où l'on veut!

Pour chier les humains ont tous les points du globe.
Ne vous bornez donc pas à votre *garde-robe.*
Sans doute, celui-là moins qu'un autre jouit
Qui chez lui retenu par un état maudit,
Et le cul mal assis sur un vieux pot-de-chambre,

Depuis le jour de l'an jusqu'au dernier décembre,
Y dépose son cas en naissant étouffé,
Heureux encore, heureux, s'il n'est pas échauffé,
Et si les bords du pot, imprimant son derrière,
N'y laissent pas en cercle une profonde ornière!

On le sait, à la ville il est des lieux secrets,
Où se font tous les jours moins d'étrons que de pets;
Lieux où le *bourdaloue* sur sa table repose,
Jusqu'à l'heure où madame autrement en dispose;
Où la chaise percée occupe un petit coin,
Et certain siége un autre à quelques pas plus loin.
C'est là qu'un citadin ou qu'une citadine,
Suivant l'antique usage, entrant à la sourdine,
Va baisser la culotte ou lever le jupon,
Non pour montrer son cul, mais pour faire un étron.
Cette chaise, ce siége ont un grand avantage;
Et d'abord à son aise un chieur s'y soulage;
Puis il peut à son gré prolongeant le plaisir,
Tantôt lâcher l'étron, tantôt le retenir.
La besogne qui plaît est toujours trop tôt faite.
Ainsi quand vous serez assis sur la lunette,

Pour jouir plus long-tems balancez votre cas:
Rien ne vous fait rougir dès qu'on ne vous voit pas.
En avez-vous assez? Mettez-vous en posture,
Et donnez au *rectum* toute son ouverture,
Votre cas libre enfin est bientôt descendu,
Et ne tient plus à vous que par la lèche au cu.

A moins que ce ne soit un jour de médecine,
Jour de mauvais régal et de mauvaise mine,
Où le plus grand chieur est réduit tristement
A rendre en jets de foire un louable excrément:
Dédaignez toutefois de vous poser les fesses
Sur la chaise en usage aux petites maîtresses,
Qui craignant la fatigue en faisant quatre pas,
Volontiers dans leur lit déposeraient leur cas.
Préférez, croyez-moi, préférez un bon siége,
D'où le cas, en tombant, tourne comme au manége,
Et d'étage en étage à la hâte descend
Le long d'un tube obscur qu'il barbouille en passant.
Pourvu que bien assis les contours du derrière
Empêchent de passer l'odeur de la matière,
Rien ne vous inquiète et dans ces fonctions

Vous pouvez vous livrer à vos réflexions.
Eh! ne vous moquez pas: quelquefois la *lunette* (47)
Echauffa l'orateur, inspira le poëte.
Le trait le plus heureux peut sortir du cerveau,
A l'instant que du cul sort l'étron le plus beau,
Ce que je vous dis là n'est pas une merveille:
Peut-être de leur tems Bourdaloue et Corneille,
Bossuet et Boileau, Racine et Massillon,
Mon ami La Fontaine et le doux Fénelon
Ont-ils eu cette aubaine; et si dans les lieux sombres,
Je pouvais un moment faire parler leurs ombres,
Elles en conviendraient, ajoutant qu'en ce cas,
Afin de ne rien perdre, on ne se torchait pas.
Ah! je le leur pardonne; une journée entière
Il vaut mieux qu'ils aient eu de la merde au derrière,
Que de nous voir privés pour des fragmens d'étrons
D'une part des beautés qu'en eux nous admirons.
Des gens plus recherchés ont *des lieux à l'anglaise* (48),
Où règne l'élégance; où, ne vous en déplaise,
Dans de la porcelaine ils posent leur étron;
Si bien que sur leur table un rare et beau poisson
N'étale pas à l'œil plus de magnificence.

N'eussiez vous dans ces lieux qu'un vase de faïence,
Pour un étron modeste à quoi bon tant d'apprêts,
Cruels, puisqu'à grands flots vous le noyez après,
Et le précipitez la tête la première?
Serait-ce par hasard, pour que votre derrière
Ne gagne pas du rhume, ou pour que votre nez
Ne sente pas l'odeur de mille étrons mort-nés,
Que le tems rassembla dans le fond des latrines?
Oh! dès-lors en chiant pincez-vous les narines;
Mais avec bien du soin vous n'éviterez pas
De respirer l'odeur qu'exhale votre cas;
Et ce n'est pas en vain qu'abondamment il fume.
Le derrière d'ailleurs n'est pas sujet au rhume:
Qu'il ait froid, qu'il ait chaud, il craint peu le danger;
S'il *tousse* si souvent, c'est pour vous soulager.
Cependant quel que soit l'éclat, le prix du vase (49),
Où de vos alimens vous déposez la vase,
Du bonheur de chier voulez-vous bien jouir?
C'est en chiant dehors qu'on double le plaisir.
Habitans de la ville, ayez-en le courage;
L'hiver même, l'hiver, on l'a bien au village,
Où l'on ne connaît pas d'autres commodités.

Il est d'ailleurs, il est dans toutes les cités (50)
Un cul-de-sac obscur, un vieux pan de muraille
Où des milliers d'étrons disposés en bataille,
Vu la chaleur, la pluie, et d'autres accidens,
Aux cas nouveaux-venus par place ouvrent leurs rangs.
Ainsi mettant à part tout orgueil inutile,
Au rendez-vous commun des chieurs de la ville
Allez donc chaque jour, et que vos cas pressés
Renouvelant les cas à la longue effacés,
Ne laissent en ces lieux jamais la place nette.
Mais ne vous gênez pas; on va là sans toilette,
La femme en pet-en-l'air et l'homme en caleçons:
C'est pour chier sur-tout qu'on bannit les façons.
Si la rue aux étrons était trop éloignée (51),
Une autre en peu de tems vous sera désignée
Par ces cadets d'Auvergne, et ces lourds porte-faix
Qui *se faisant un front qui ne rougit jamais,*
Et découvrant par-tout leur gros vilain derrière,
Infectent de leurs cas presque la ville entière.
Mais vous qui dans le monde avez assez vécu,
Pour savoir qu'aux passans on doit cacher son cu,
Puisque c'est un devoir encor plus vieux qu'Hérode:

Cherchez; vous trouverez une place commode,
Où vous pourrez sans trouble, à l'abri des témoins
Vous trousser proprement et faire vos besoins.

N'allez pas toutefois, crainte des aventures,
Au hasard, en tout lieu déposer vos ordures.
Observez bien l'endroit que vous avez choisi;
Et dût l'étron futur naître déjà moisi,
Ne vous avisez pas de vous mettre à l'ouvrage,
Que vous ne soyez sûrs de tout le voisinage.
Car tel qui dans un coin venait de s'accroupir,
S'est vu plus d'une fois forcé de déguerpir
A l'aspect imprévu de quelque trouble-fête,
Au moment où son cas ne passait que la tête,
Et courant tout honteux, grègues sur les talons,
A vingt bornes plus loin a porté ses étrons.
Tel autre sur le seuil d'une porte fermée
Poussait tranquillement sa selle accoutumée;
Quand la porte soudain s'ouvrant avec fracas,
Renversait le chieur demi-mort sur son cas.
Enfin si vos étrons pour vous ont l'odeur bonne (52),
Croyez que cette odeur n'accommode personne;

Même le superflu des vins que vous prenez,
Un autre n'aime pas à l'avoir sous le nez.

On conte à ce sujet que Thomas, non l'apôtre,
Mais Thomas l'orateur qui, certes, valait l'autre,
Jeune encore, à Paris n'étant que professeur,
Etait dans son collége un redouté pisseur.
Dès qu'il avait dîné, sortant du réfectoire,
Sans faute tous les jours, à ce que dit l'histoire,
A pas précipités il allait dans un coin
Vaquer très-longuement à son petit besoin.
C'était à la même heure où la folle jeunesse
Exerçait dans la cour sa force et son adresse,
Que fidèle à son poste, il traversait les jeux
Et des balles en l'air bravait les coups nombreux.
Observez qu'il pissait avec plus d'abondance
Qu'il n'avait de génie et même d'éloquence;
L'urine en long ruisseau sur le sable coulait,
Et comme à chaque instant mainte balle y roulait,
Un jour le grand conseil de la gent écolière
Trouva ce beau moyen de *tarir la rivière*.
L'heure étant arrivée où le pisseur maudit

Se rendait dans son coin, du toit on suspendit,
A hauteur raisonnable, un pot-de-chambre vide.
Il arrive; à pisser bientôt il se décide,
Quand à l'aspect du pot, aux éclats des rieurs,
Vîte il se reboutonne et va pisser ailleurs.

Par des cas insolens et d'autres vilenies
Ne vous attirez pas semblables avanies.
Chiez donc dans les champs, autant que vous pourrez;
Là vous ne craignez rien; ainsi vous sèmerez
Pour recueillir un jour, et vos cas dans le monde
Brilleront, en rendant la terre plus féconde.
Oui, sans doute, c'est là qu'on les dépose après;
Mais on y perd beaucoup, ils ne sont plus si frais.

Pour moi que je suis las de chier dans les villes!
O séjour du bonheur! ô campagnes fertiles!
Quand donc vous reverrai-je, et dès le grand matin
Planterai-je un étron dans mon petit jardin?
Et vous, sombres forêts, délicieux ombrages,
Ruisseaux, fleuves, torrens, et vous, rochers sauvages,
Vous partagez encor mes plus doux souvenirs:

Vous fûtes si long-tems témoins de mes plaisirs!
Ah! celui de chier était toujours du nombre,
Et souvent égayait mon caractère sombre.

Cependant avec ceux que guident mes leçons,
Parcourons en idée et coteaux et vallons.
Venez, heureux chieurs, vous tous dont le derrière
A des étrons parfaits peut ouvrir la barrière;
Venez, et sur la route apprenez à choisir
Les lieux où vous chierez avec plus de plaisir.
Contemplez d'un coup-d'œil ce riant paysage;
Voyez: c'est là que chie et que médite un sage.
Mais suivant les degrés du froid, de la chaleur,
Il chiera dans un fond ou bien sur la hauteur,
A l'ombre d'un bosquet, ou même dans la plaine;
Et jusqu'au doux instant toujours il se promène.
Ne vous pressez jamais; attendez que l'étron
Demande à figurer sur le vaste horizon.
Est-il prêt? si le vent agite le feuillage,
Suivez dans ce vallon le troupeau du village:
La chèvre, le bélier vous montrent tour-à-tour
Un angle favorable, un agreste détour,

Où bravant l'aquilon qui plus haut se déchaîne,
D'un malheureux captif vous terminez la gêne.

Quand l'herbe sous vos pas commence à reverdir,
Lorsque le doux printems vous invite à sortir,
Et qu'après le travail, le laboureur espère:
Errez sur les coteaux où la vigne prospère (53),
Et là le cul tourné vers le flambeau du jour,
Sans vouloir le braver, faites votre grand tour.
Au contraire, en chiant, rendez-lui votre hommage;
Il est de l'univers le plus parfait ouvrage,
Vous avez beau fumer ces fragiles sarmens,
Sa chaleur en fait plus que tous vos excrémens.
Et cependant les ceps qu'un chieur favorise,
Si le soleil d'ailleurs les sauve de la bise,
Seront sur ces coteaux *au nombre des élus,*
Et produiront un jour quelques grappes de plus.
Le vin que vous rendra ce petit coin de vigne,
En le faisant a part, serait peut-être digne
D'être mis sur la table avec plus d'appareil.

Il est si doux, si gai de chier au soleil,

Qu'il faut en profiter avant que sur nos têtes
Il darde tous ses feux précurseurs des tempêtes.
Sa chaleur, au printems, vous chauffe assez le cu,
Et le rendrait, l'été, pire qu'un grattecu:
Saisissez les instants de vous mettre en campagne.

S'il est dans vos cantons une haute montagne
D'où tombent d'un torrent les flots impétueux,
Par un chemin étroit, sauvage et raboteux
Montez-y: ce n'est pas une peine perdue,
Puisque vous jouissez du plus beau point de vue.
Mais vous n'y montez pas pour regarder toujours:
Comme l'eau, les étrons veulent avoir leur cours.
De chier aussitôt que le moment approche,
D'un pas ferme avancez sur le bord de la roche
D'où l'onde, en bouillonnant, s'échappe avec fracas,
Présentez le derrière et poussez: votre cas
Roulant de roc en roc au fond du précipice
Va nourrir dans les flots l'anguille et l'écrevisse.
Perchés sur un sommet qui n'offre aucun appui,
Peut-être que craignant de rouler avec lui
Les quatre fers en l'air, de cascade en cascade,

Vous n'oserez jamais en tenter l'escalade:
Tant pis; il faut alors vous priver d'un plaisir
Dont je puis tout au plus vous apprendre à jouir:
Car je n'irai pas là pour vous tenir la tête.

Et cependant du mont ne quittez pas la crête,
Sans y laisser au moins un tas de beaux étrons,
Que viendra becqueter l'oiseau des environs.
Il n'y sera pas seul: dans la plaine étendue
Dès que l'exhalaison se sera répandue,
Mille insectes brillans par l'odeur alléchés
Sortiront tous du trou qui les tenait cachés,
Les uns *en chevaliers* portant casque et cuirasse,
D'autres *en capucins* traînant froc et besace.
Ceux-ci plus empressés, peut-être plus gourmands,
D'entamer le gâteau hâteront les momens:
Mais n'osant trop compter sur leurs pieds infidèles,
Et levant les fourreaux qui recouvrent leurs ailes,
Ils s'abattront soudain sur leur mets favori,
Heureux de devancer l'avide *gribouri* [illegible]
Ceux-là grace aux ressorts de leurs longues échasses,
Presqu'aussi promptement franchiront les espaces:

Et quand même au banquet ils seraient les derniers,
Ils mangeront encore autant que les premiers.
Si peu qu'on ait de goût pour l'*entomologie,*
Auprès de son caca sans peine on l'étudie.
On voit le *Fouille-merde* au ventre éblouissant (55),
De sa postérité sans cesse s'occupant,
Y former cette boule où sa tendre femelle
Déposera les œufs d'une race nouvelle.
Qu'on sépare un instant la pilule et l'auteur,
Comme a fait par plaisir plus d'un observateur ;
L'insecte court, revole à la boule chérie,
Dont toute sa famille un jour sera nourrie.
Vous pourrez voir aussi de jolis papillons
Abandonner les fleurs pour voler aux étrons.
C'est ainsi que par-tout on rencontre des belles
Constantes par devoir et par goût infidelles,
Qui prennent pour amans des ours ou des magots,
Au lieu de leurs maris changés en escargots.
La merde est à coup sûr d'une saveur étrange (55) ;
Mais est-il étonnant qu'un papillon en mange,
Lorsqu'aux meilleurs repas sans cesse convié
L'homme savoure aussi ce que l'homme a chié ?

Dans cette île féconde, aujourd'hui désolée,
Où la tranquillité n'était jamais troublée,
Et dont Londre expiera l'égarement cruel;
On vit au Cap-Français un certain *Paparel*
Epier, le matin, les jeunes mulâtresses
Qui pour faire leur cas à l'air mettaient leurs fesses.
Trouvait-il des étrons d'un jaune appétissant?
Sa spatule à la main, il allait ratissant,
Et mangeant de la merde avec un goût extrême (57),
Il semblait avaler une glace à la crême.
J'eus même un camarade, *externe à Montaigu* (58),
Qui pour un *demi-sol* léchait un torche-cu.
Voilà de deux côtés un fait incontestable (59),
Qui prouve que la merde est d'un goût agréable,
Ou du moins qu'elle plaît à de certaines gens.
Que sait-on? ce gout là peut prendre avec le tems.
Vous qui n'en mangez point, ailleurs allez en faire.
Déjà l'été brûlant enflamme l'atmosphère;
Il est tems de gagner les lieux où la fraîcheur
Et l'ombre des forêts appellent le chieur.

Heureux Parisiens, que Boulogne et Vincennes

A vos petits étrons offrent de grands domaines!
Qui de vous dans leurs bois toujours si fréquentés
Et par mille élégans et par mille beautés:
Qui de vous tout au moins une fois en sa vie
N'a pas sous leurs berceaux contenté son envie?
Allez, retournez-y: ces bois reconnaissans
N'élèvent que pour vous leurs dômes verdoyans.
Allez-y tous les jours, ô vous dont la dépense
Fait vivre, fait chanter, fait rire un peuple immense;
Le moins que vous pourrez chiez sous vos lambris:
Assez d'autres sans vous font caca dans Paris.
Et vous qui forcément attendez le dimanche
Pour mettre l'habit neuf et la chemise blanche,
A votre tour enfin rendez-vous dans ces bois
Qui du moins en sept jours sont à vous une fois.
Ces ormes, ces tilleuls et ces chênes antiques
Valent bien que pour eux vous fermiez vos boutiques;
Fermez-les donc, partez: grâce à tous vos étrons
Vous verrez croître encor les branches et les troncs;
Et si sur le gazon vous faites des ribottes,
Rendez tout, et jamais ne remportez vos crottes.
En vain on me dira qu'on pourrait être vu:

Ce n'est que quand on veut qu'on y montre son cu.

Autour de ses palais, autour de ses baraques,
Non loin de sa rivière et près de ses cloaques,
Paris possède aussi des jardins élégans:
Mais hélas! on ne peut faire caca dedans;
Et de fiers grenadiers qui font là sentinelle
Seraient quasi tout prêts à brûler la cervelle
Au premier qui voudrait seulement y pisser.
De ces jardins si beaux il vaut mieux se passer.
Dans les départements *vive* nos promenades!
On n'y craint ni soldats, ni mousquets, ni bourrades:
Chacun sans se gêner y déposant son cas
Vous y donne à compter plus d'étrons que de pas.
Point de ces écriteaux qui chagrinant la vue,
Vous disent: TOUTE ORDURE EST ICI DÉFENDUE.
Quand j'en vois de pareils, je rebrousse chemin;
Car jamais je ne chie aujourd'hui pour demain.
Il est parfois heureux de vivre sans police.

Mais la forêt vous offre un ombrage propice:
Vous qui depuis long-tems ne faites que péter,

Hâtez-vous, gros joufflus, il faut en profiter;
Voyons si dans mon art vous êtes passés maîtres.
Oui, je le crois. Eh bien! mettez-vous sous ces hêtres,
Et préférez celui qui sans bosse ou sans nœuds
Lève droit comme un I son front majestueux.
Outre *le parasol,* même *le parapluie* (60)
Qu'il tend sur votre tête, au besoin il appuie
Et le dos et les reins, alors que vous chiez,
En deux tout simplement si vous ne vous pliez.
Car il est en ce cas une double posture (61):
L'une qu'à tout le monde enseigne la nature.
L'autre plus recherchée et que les connaisseurs,
Ne fût-ce que par ton, prescriront aux chieurs.
Ainsi vous choisirez entre ces deux manières.

Souvent dans les forêts se trouvent des clairières,
Des tertres, des rochers, des vallons, des ravins:
Et vous qui dès long-tems connaissez les chemins,
Faites de tous ces lieux autant de lieux d'aisances,
Et gardez-vous d'avoir d'injustes préférences.
Il faut chier par-tout, et que le même endroit
D'accaparer vos cas n'usurpe point le droit.

Mais quand vous cheminez vers un lieu favorable,
En rencontrez-vous un qui soit plus agréable ?
Arrêtez-vous sur cul, plantez-y vos étrons,
Et tâchez d'égaler les cas des bûcherons,
Pour fêter dignement un endroit romantique
Qui réclame à son tour cette faveur unique.
Le lendemain suivez votre premier projet.
Et quel bonheur encor, dans un autre trajet,
De trouver un ruisseau qui sous l'épais feuillage
Des oiseaux d'alentour excitant le ramage,
Fixera vos regards sur ses flots argentés !
Ne vous éloignez pas de ses bords enchantés,
Sans lui payer au moins le tribut d'une crotte,
Faites mieux, et tandis que siffle la linotte,
Un pied sur chaque bord, ainsi qu'un pont volant,
Placez-vous et chiez au-dessus du courant :
Vos étrons à fleur d'eau naviguant sans nacelle,
Après avoir passé sous *une arche nouvelle,*
Du ruisseau mollement suivront tous les détours,
Et feront un voyage heureux et de long cours.

Cependant au milieu d'une course incertaine (62),

Si vous trouvez jamais une claire fontaine,
Ne vous avisez pas d'en profaner les eaux.
C'est la source sacrée où l'homme et les oiseaux
Apaisent au besoin la soif qui les dévore.
Pour vous dédommager, je vous permets encore
De chier dans un lac ou bien dans un étang.
Quelquefois une roche entr'ouvrira le flanc,
Pour vous offrir un *siége* et même une *lunette;*
Plus loin un orme creux présente une cuvette,
Et sans doute avant vous on a chié dedans:
Mettez donc à profit ces *heureux* accidens.

Mais au creux du vallon j'aperçois la rivière
Qui du bois, en tournant, arrose la lisière,
Et déjà la chaleur invite à se baigner.
Quel plaisir vous attend! hâtez-vous de gagner
Le bord le plus fleuri, la place transparente,
Où va vous recevoir l'onde rafraîchissante.
Pour cette occasion sagement réservé
Votre cas sera donc à grands flots abreuvé.
Quand vous serez d'avis de vous mettre en posture,
Du côté du courant tournez-vous la figure,

Tandis que le cul reste à la vague opposé :
C'est que dès en naissant l'étron tout disposé
A remonter sur l'eau qui le soutient sans peine,
S'offre au moins à vos yeux avant que l'eau l'entraîne.
Vous verrez même aussi les bulles d'air puant
Qui sous votre menton montent en un instant,
Si lorsque vous chiez, le cul dans la rivière,
Des vesses ou des pets précèdent la matière.
Ce passe-tems est court ; mais au loin sur les flots
Votre œil suivra l'étron nouvellement éclos,
Qui voguera long-tems au gré d'une eau tranquille ;
Et quand il passera sous le pont de la ville,
Peut-être pourrez-vous un moment le revoir
Et lui dire à jamais ou bonjour ou bonsoir !
Hélas ! souhaitez-lui plutôt un bon voyage :
Que d'avides poissons le guettent au passage !
Si par hasard il va jusqu'au vaste océan,
Il y sera gobé par le premier merlan.
Au reste c'est le sort de tout en ce bas monde :
Il n'est rien dans les airs, sur la terre et sur l'onde,
Qui ne soit à son tour détruit ou dévoré.
Qu'importe ? à chaque instant tout est régénéré.

Pour vous qui de la mer habitez les rivages,
Et qui, la larme à l'œil, contemplez les naufrages,
Allons, égayez-vous: moi je suis convaincu
Qu'il vaut encore mieux avoir la crotte au cu.
Chiez donc tous les jours, en leur faisant visite,
Sur le sein de Thétis, sur le nez d'Amphitrite;
En vain les dieux marins armés de leurs tridents
Jetteront les hauts cris et montreront les dents;
Du sommet d'un rocher montrez-leur le derrière,
Et montrez-le sur-tout aux Anglais *en croisière:*
Bientôt pour les dompter nous aurons des vaisseaux.
C'est peu. Si j'étais là, c'est au milieu des eaux
Que je voudrais chier; la mer calme et tranquille
N'offrant à mes regards qu'une glace immobile,
Je mettrais à l'instant habit, culottes bas,
Et j'irais dans les flots accoucher de mon cas.
Ainsi mon bel étron à la Vénus marine
Ressemblerait un peu, du moins par l'origine,
Et peut-être élevé sur le dos des Tritons,
Serait-il reconnu pour le dieu des étrons.

Emportant les beaux jours, bientôt l'été se passe,

Il faut donc, pour chier, changer encor de place.
Vous pourrez dans l'automne agir comme au printems:
Pour diriger ses pas, on consulte le tems.
Toutefois au printems, en chiant sous l'ombrage,
Dont mille arbres fruitiers couvrent maint héritage,
Il ne peut sur le cul vous tomber que des fleurs,
Et dans l'automne il peut arriver des malheurs.
Qu'une poire, une pomme, une noix, un marron
Se détachant soudain, écrase un pauvre étron,
Rien de mieux; que le fruit attrape le derrière...
Ce coup là vaudrait presque un bon coup d'étrivière:
C'est à vous de chercher à vous en garantir.
Enfin dans quelqu'endroit comme il faut se blottir,
Je vous conseillerais de vous tenir en plaine;
Maint chasseur, direz-vous, sans cesse s'y promène.
Croyez qu'il n'aurait pas l'œil bon, ni le nez fin,
S'il prenait en plein jour un cul pour un lapin.
Non, ne redoutez pas son arme foudroyante.

Mais un petit malheur d'espèce différente
Pourrait vous arriver comme à certain chieur,
Qui faillit d'en mourir de surprise et de peur.

En plaine il était prêt à pousser une selle:
Caché par un buisson, un rustre avec sa pelle
Non loin, sans dire mot, étendait du fumier;
Dans le champ du voisin voyant qu'on va chier,
L'envie au cœur lui parle; il quitte son ouvrage,
Arrive à pas de loup, n'ayant d'autre bagage
Que sa pelle; il la tend sous le cul du chieur,
Y reçoit le caca dans toute sa fraîcheur,
Puis, comme un vrai lutin, s'esquive avec sa proie,
Que dans son propre champ il enterre avec joie.
Mon chieur se retourne, après avoir fini,
Et voyant que l'endroit d'étrons est dégarni:
O Dieux! quoi! rien, dit-il! ai-je donc la berlue?
Comment diable! ma merde est-elle disparue?...
Voilà mon homme alors qui tombe en pamoison.
Enfin il eût perdu tout-à-fait la raison,
Si d'abord qu'il revint de sa frayeur extrême,
Il n'eût su le fin mot par le paysan même.
Ainsi plus d'un chieur est parfois attrapé,
Ce qui vaut beaucoup mieux que d'être constipé.
En tous lieux cependant les vendanges sont faites;
Déjà les fruits d'hiver rangés sur des tablettes

Attendent le moment d'embellir nos desserts;
Le vent du nord commence à souffler dans les airs;
Les arbres à regret dépouillent leur verdure;
Et le moment approche où la belle nature
Va n'offrir à nos yeux que de tristes horreurs.

Où pourrais-je à présent conduire mes chieurs?
Qu'ils me suivent toujours; sur la glace et la neige
Comme sur le gazon mon bas-ventre s'allége,
Et je ne suis pas homme à craindre le verglas,
Quand je me sens besoin de déposer mon cas.
C'est ainsi que doit faire un chieur intrépide;
Seulement s'il a froid, sa course est plus rapide.
N'a-t-on pas tout le tems de couver les tisons?
D'ailleurs, l'hiver, ainsi que les autres saisons (63),
L'hiver a ses beaux jours: En décembre ou *nivôse,*
Si l'on ne cueille pas le jasmin et la rose,
Sur la cîme des monts, sur le front des coteaux
Le soleil fait briller de mobiles cristaux,
Qui surpassent l'éclat des fleurs éblouissantes
Dont se parent, l'été, nos campagnes riantes.
Mais que dis-je? Tripet, le renommé *Tripet* (64),

Qui dans sa serre à peine oserait faire un pet,
Crainte de dessécher ses superbes tulipes,
N'en a pas qui ne soient plus laides que des tripes,
Auprès des diamans, des perles, des rubis,
Dont le bonhomme Hiver parsème ses habits.

Vous donc qui, comme moi, ne craignez point la glace,
Venez, nous trouverons toujours assez de place,
Pour chier dans les champs sans nous geler le cu.
A huit lustres déjà le mien a survécu,
Quoiqu'il ait tous les ans souffert de la froidure,
Et si le vôtre encor n'a pas la peau si dure,
Chiez toujours dehors, elle s'endurcira;
Puisqu'on se fait à tout, votre cul s'y fera.

Quoi des dames aussi, par un grand vent de bise,
Pour suivre vos leçons, trousseraient leur chemise!
Dans la neige traçant de pénibles sentiers,
Au lieu de pondre un cas au sein de leurs foyers,
Elles iraient, ainsi qu'une simple ouvrière,
Aux injures du tems exposer leur derrière! —
— Sans doute; pourquoi pas? Elles risquent bien moins

Lorsque sur des glaçons elles font leurs besoins,
Que quand près d'un bon feu soufflé par quelques vesses,
Les pieds sur les chenets, se chauffant trop les fesses,
D'un air indifférent elles grillent la peau
D'un cul qui devrait être et si blanc et si beau.
Renoncez donc, l'hiver, à vos chaises percées,
Mesdames; sur la neige en vous voyant troussées,
Que des juges intacts disent: On eut raison
De faire tant de fois une comparaison
Dont la neige, à coup-sûr, n'a pas tout l'avantage.
Ayez soin du derrière autant que du visage;
Eh! c'est lui qui souvent sauve une laideron.
Qu'elle soit aperçue en poussant un étron:
Elle peut par le cul se faire des conquêtes,
Comme bien des beautés s'en font avec leurs têtes.
Des dames cependant je n'exigerai pas
Qu'elles mettent à l'air ces précieux appas;
Lorsque sur l'horizon il gêle à pierre fendre.
Non, certes! Pour cela j'ai l'âme un peu trop tendre,
Et je serais fâché qu'il arrivât malheur.
Quand la saison sera dans toute sa rigueur (65),
Et qu'il ne fera bon qu'auprès d'un hêtre en flammes,

Chiez donc dans un pot : à vous permis, mesdames.

Enfin je vous dirai pour dernière leçon,
Qu'on n'est pas en chiant quitte pour la façon.
Tout ce qui vient de nous ayant droit de nous plaire,
Qui brusque ses étrons, n'est pas digne d'en faire.
La nature exigeante et sage en sa bonté,
Imposa des devoirs à la paternité.
Eh ! qu'est-ce qu'un étron ! Sorti de sa clôture,
Un étron n'est-il pas notre progéniture ?
Le destin qui l'attend vous parle en sa faveur ;
Ainsi que son aspect vous chatouille le cœur.
Dans les bois, en plein champ, ou contre les murailles,
Dès qu'il a déposé ce fruit de ses entrailles,
Qu'un chieur se retourne, et s'il est bien appris,
Semblable au bon papa prenant congé d'un fils,
A l'amant malheureux quittant une maîtresse,
Qu'il jette sur son cas un regard de tendresse.
Hélas ! Puisqu'un étron doit être abandonné,
Est-ce trop d'un coup d'œil à cet infortuné ?
Le nez sur son caca qu'avec joie il contemple,
Un enfant en tout lieu vous montrera l'exemple.

Par son âge affranchi du joug des préjugés,
A peine ses étrons du cul sont délogés,
Que sans perdre le tems à joindre sa brayette,
Il s'arme d'un brin d'herbe ou d'un bout de baguette,
Et farfouillant la merde avec attention,
Reste un quart-d'heure auprès dans l'admiration.
Tels à Rome on a vu ces anciens Aruspices
Chargés d'offrir aux Dieux de sanglans sacrifices,
En extase observer la *rate* d'un poulet,
Et du sort des combats y chercher le secret:
Tel encore un *frater,* loin de l'académie,
Fait sur un corps puant son cours d'anatomie.
Ainsi présumant trop de mes faibles talens,
Sur un art *prétendu* j'ai fait quatre longs chants.
Quelle verve! Il est vrai que du ton didactique
J'ai passé bien souvent au ton bas ou comique.
Eh! qu'importe? Je fus utile aux constipés,
Et j'ai fait rire ceux qui de rien occupés,
Ne lisent que des riens, attendant que Delille
Donne un nouvel essor à sa Muse fertile:
Peut-être verrons-nous un *Homère français?*

Pour *mon petit merdeux* si je brigue un succès,
Sans doute mes efforts sont dignes d'un bon père,
Et doivent des censeurs désarmer la colère.
De pousser un gros cas j'ai la prétention;
Mais loin, bien loin de moi la sotte ambition
De *pousser* mon ouvrage au nombre des *classiques.*
Qu'il soit à tout moment enlevé des boutiques;
Qu'on l'achète toujours, sans le prêter jamais,
Et qu'il n'ait point le sort *des livres au rabais:*
Du reste à l'éplucher que maint pédant s'amuse,
Sans regret, sans pitié je lui livre ma Muse.
Pour me chercher chicane, ils feront mille efforts
Ceux-là qui des auteurs vont redressant les torts;
Mais de l'invention j'aurai du moins la gloire,
Et *grâce aux acheteurs* quelques écus pour boire.
C'est donc en vain, Messieurs, que vous direz partout
Que j'ai fait un poëme et sans art et *sans goût;*
Vous ne m'entendez pas crier: Miséricorde!
J'AI CHANTÉ LES ÉTRONS: QUI VOUDRA MORDRE Y MORDE!

FIN DU QUATRIÈME ET DERNIER CHANT.

NOTES.

NOTES
DU CHANT PREMIER.

---

(1) Mais si la poésie est sœur de la peinture.

M. Delille a dit :

Puisque la poésie est sœur de la peinture.

Mais il n'est pas étonnant que je me sois si bien rencontré avec lui, puisque la pensée de ce vers est au moins aussi vieille qu'Horace. Au reste, je préviens le lecteur, une fois pour toutes, qu'il peut se trouver dans le cours de cet ouvrage beaucoup de réminiscences, que M. Delille me pardonnera tout le premier ; qui est-ce qui n'a pas besoin d'indulgence en pareil cas ?

(2) Oui je pourrais nommer quelques auteurs fameux
Dont le goût n'exclut point des passages merdeux.

On sait que les langues grecque et latine n'étaient pas si scrupuleuses que la nôtre, et n'employaient pas de circonlocutions pour exprimer des besoins naturels. Je citerai des passages grecs dans une autre circonstance ; et un jour que j'aurai le temps, je compulserai les principaux auteurs latins, et je rendrai cette note *une des plus savantes qu'il y ait dans les poëmes modernes.* Je ne puis cependant me dispenser de parler, quant à présent, de Virgile, qui n'a pas été plus réservé que les autres. Quoiqu'en général il se soit toujours servi de *mots propres,* ne fait-il pas entendre, *livre 3*, que les Harpies ont fait caca sur le *fricot* d'Enée? Rapportons-nous-en à son célèbre traducteur.

Déjà le feu brûlait sur l'autel de nos Lares ;
Alors l'avide essaim de ces oiseaux barbares,
Aux mains, aux pieds crochus, de ses réduits secrets,
Sort, s'élance à grand bruit, s'empare de nos mets,
Et d'excrémens impurs empoisonne le reste.

Il y a seulement dans l'original, *polluit ore dapes;* mais comme il est dit plus haut que ces monstres sont sujets au dévoiement le plus infect, *fœdissima ventris proluvies,* il est clair que le mot *ore* veut dire ici *le trou du cul;* or tout le monde sait ce qui sort de là.

Pour achever de convaincre le lecteur, je veux lui citer une des meilleures autorités sur cette matière : *A Rome,* disent les Mémoires de l'Académie de Troyes, *à Rome, on ne se faisait pas de difficulté de parler de merde. Horace, le délicat Horace et tous les poëtes du siècle d'Auguste en parlent en cent endroits de leurs ouvrages.* Tom. 1. pag. 32.

(3) Et sans chercher plus loin, un chanoine, un curé,
Malgré la robe noire et le bonnet quarré,
En ce genre ont laissé maintes historiettes,
Qui de nos curieux garnissent les tablettes.

Rabelais, dans *le Gargantua,* et Béroalde de Verville, dans *le Moyen de parvenir,* ont parlé aussi *français* que moi ; ils ont même des manières de dire si naïves, si originales, si expressives, que j'aurais bien voulu me les approprier. Mais ils n'ont fait que *de la vile prose,* et moi je parle *le langage des Dieux.* J'ai donc été obligé d'y renoncer, et de voler de mes propres ailes.

D'autres depuis se sont encore exercés sur cette matière. Voici une ode attribuée à Piron, et qu'il a faite, m'a-t-on dit, en 1744, à l'époque de la convalescence du roi Louis XV à Metz, après une maladie dans laquelle ce prince avait manqué de succomber :

Viens me tenir lieu d'Apollon,
Esculape, dieu des clystères :
Que ta seringue et ton canon,
Digne instrument de tes mystères,
Me fasse chier sans effort
Des vers et puans et sublimes,
Tels que tous les jours il en sort
Par les culs huilés des minimes.

Louis avait l'anus bouché :
Par la bouche il avait beau prendre
Du *minoratif* recherché,
Il périssait faute de rendre ;
Lorsqu'un mousquetaire à genou,
Seringue en main, vient par derrière,
Et sait si bien viser au trou,
Qu'il rompt la fatale barrière.

Que vois-je ! O ciel ! c'est un étron !
Que la matière en est louable !
Il est gros comme un saucisson
Et garnirait bien une table.
C'est l'œuvre du plus grand des rois,
L'odeur, le goût sentent le trône ;
Et jamais un anus bourgeois
N'en eût accouché sans matrône.

Instrument de notre bonheur,
Etron, délices de la France,
Je te croquerais de bon cœur,
Si je t'avais en ma puissance.
Mais je vois *Dumoulin* (1) présent
Te regarder d'un œil d'envie :
Ciel ! il porte sur toi la dent,
En dépit de la *Peyronie* (2).

(1) Médecin du roi.
(2) Chirurgien du roi.

Ménage un si rare trésor,
Arrête, la France t'en prie.
Pourrais-tu bien donner la mort
A qui nous a donné la vie?
De ce sacré dépôt garant,
Respecte un ragoût qui te tente;
Songe que le peuple l'attend
Grands yeux ouverts, bouche béante.

(4) Je ne crains point d'écueil; je veux que mon ouvrage
Des plus fins connaisseurs emporte le suffrage;
Je veux qu'on le relise après qu'on l'aura lu;
Et si l'on trouve bon de s'en torcher le cu
J'y consens.......

Oui, j'y consens de bon cœur, et même j'invite tous ceux qui aiment à jeter leur argent par les fenêtres, à en avoir toujours un exemplaire en train dans leur cabinet d'aisanses. Si on aime à faire la lecture en chiant, que peut-on lire de mieux en pareil cas? Plus on usera d'exemplaires, plus on fera plaisir à l'auteur, à l'imprimeur et au libraire, qui veilleront avec soin à ce qu'il y en ait toujours dans le commerce. Il y plus; en admettant que, par la suite, un certain nombre de personnes ne veuille plus s'essuyer le derrière qu'avec les feuillets de mon livre, et en occasionne un débit extraordinaire, on promet d'en diminuer le prix, et de l'imprimer sur un papier *impayable* pour cet usage.

(5) On fit l'*Art de Péter* et l'*Éloge du Pet.*

Si quelques-uns des lecteurs voulaient se procurer ces deux traités curieux, j'imagine qu'ils me sauront gré de leur éviter de fausses démarches. Le premier se trouve en *Westphalie, chez Florent Q., rue Pet-en-gueule, au Souflet,* ou à Paris, chez Baillieu, libraire, quai des Grands-Augustins, no 43. Le second, en supposant qu'il y en ait encore, puisqu'il n'a été tiré qu'à mille exemplaires, se vend chez Favre, palais du Tribunat.

Le docteur Swift, le plus grand génie de l'Irlande, et surnommé *le*

Rabelais d'Angleterre, a fait aussi un livre intitulé *le grand Mystère.* ou l'*Art de méditer sur la garde-robe,* lequel a été traduit en français par Le Sage ; mais ce livre est rare comme les bonnes choses ; je ne fais que de le trouver, quoique je le cherche depuis long-temps. Au reste, je suppose qu'il devient inutile, au moyen de ce que MON ART DE CHIER offre suffisamment à méditer *sur la garde-robe,* et j'espère qu'on n'y trouvera rien de *mystérieux;* car j'ai fait ce que j'ai pu pour être clair.

(6) Des peuples différens consultons l'origine :
Connurent-ils alors un art de la cuisine?

Je ne sais pas pourquoi l'auteur de la Gastronomie appelle ces temps-là *des temps malheureux :*

Quand l'*homme se nourrit sans art et sans apprêts ;*
Quand *le seul appétit assaisonne les mets,*

et quand on chie aisément et abondamment comme cela arrive toujours en ce cas-là, il me semble à moi qu'il ne manque rien au bonheur.

(7) Noé le Patriarche inventa la liqueur
Qui réchauffe, ranime et réjouit le cœur,
Lorsque le besoin seul en indique l'usage,
Et Noé le premier abusa du breuvage.

Cœpitque Noe vir agricola exercere terram et plantavit vineam. Oh ! pour ma part, je lui en ai de grandes obligations. *Bibensque vinum inebriatus est.* C'est en quoi il fit mal, d'autant plus que les suites de son ivresse furent très-indécentes et fatales à l'un de ses fils.

Bonum vinum lœtificat cor hominis. Oui, mais adieu le plaisir quand on en prend trop.

(8) Les Grecs dégénérés des héros pleins de gloire
Qui tenaient tour-à-tour l'épée et l'*écumoire.*

Suivant l'auteur de *la Gastronomie,* qui n'a pas pris cela sous le bonnet de son cuisinier, il est constant que les héros d'Homère écumaient eux-mêmes leur pot, et tournaient la broche :

Qui ne sait aujourd'hui qu'ils descendaient souvent
Au soin de préparer un grossier aliment ?

(9) Ils ne se doutaient pas ces aveugles mortels,
Que ce qui fait en l'air foirer Jupiter même,
Constipe les humains.

Certainement le plus puissant des Dieux ne se nourrissait que de nectar et d'ambroisie ; aussi je ne conçois pas qu'il ait eu la foire, comme le prouve ce vers latin :

Juppiter altifoirans totum merdavit Olympum.

Mais cette nourriture-là, ou celle qui en approche, si elle donne la courante aux habitans de l'Olympe, elle est nécessairement si *relevée,* qu'elle doit constiper les simples mortels.

(10) Mais grâce à leur *broüet* les Lacédémoniens
En faisaient de gros tas au nez des Athéniens.

L'aimable auteur de la Gastronomie, avec qui je serai en guerre continuelle, se donne aussi les tons de mépriser cette galimafrée des Lacédémoniens.

De vinaigre et de sel détestable mélange.

Eh! sans elle, à cette époque, il n'y aurait plus eu de chieurs dans la Grèce.

Je regrette bien de n'avoir pas pu mettre *à la barbe* des Athéniens, au lieu de *au nez des Athéniens.* C'est une *grande beauté* de moins dans mon ouvrage.

(11) Didon n'eût pas en vain tenu tant de propos,
Et Rome aurait subi le destin de Carthage.

Non, cette reine si indignement abandonnée par le chef des Troyens, après les avoir si bien traités à sa cour, n'aurait pas dit impunément :

Exoriare aliquis nostris ex ossibus ultor !

Et si Annibal fût venu au monde quelques années plus tard, je crois que les Romains qui alors étaient presque tous constipés, auraient plus d'une fois chié de peur.

(12) .... Un Génois s'imagine
Qu'il est un nouveau monde ; il traverse les mers
Et découvre en effet un nouvel univers.

Pour les éclaircissemens que le lecteur pourrait désirer à cet égard, je le renvoie *au Poëme de la Navigation.* Il était du sujet de M. Esménard de faire un éloge magnifique et pompeux de toutes les nouvelles découvertes ; il était du mien de me déchaîner contre. Je ne crois pas, en effet, que le bien qui est résulté pour nous de la conquête de l'Amérique compense à beaucoup près les maux qu'elle a causés à l'humanité entière. Je dirais volontiers du siècle où toute l'Europe a été chercher des colonies lointaines ce que *Bartholo* disait du sien : Qu'a-t-il produit pour qu'on le loue ?

(13) Mais le fait est certain, je l'ai vérifié,

Oui, je l'ai vérifié, non pas une fois, mais vingt, et il est probable que le lecteur en a fait aussi la remarque en plusieurs occasions. Quant à moi, je n'ai jamais vu ou apperçu une femme chier en plein air, que je n'aie été après observer ses étrons ; et bien que j'eusse là-dessus une espèce d'habitude, je suis encore à m'accoutumer *à la grosseur dont ces Dames les font.* En vain on me dira que la nature a pourvu à tout ; cela ne m'empêchera pas de plaindre un sexe condamné par elle aux accouchemens pénibles, de quelque côté qu'ils aient lieu. Car on ne peut supposer qu'un gros étron sorte aussi facilement qu'un petit. Ainsi, Messieurs, toutes les fois que vous verrez, n'importe où, un étron d'une taille gigantesque, soyez persuadés que c'est l'œuvre d'une femme, peut-être même de celle qui vous est chère; et si vous avez un bon petit cœur, pleurez donc et chiez bien des yeux, vous en pisserez moins, est-il dit dans *le Moyen de parvenir*, Hist. du jeune Homme fessé.

(14) Regardez donc de près à votre nourriture,
Mesdames, si toujours vous voulez sans douleur
Pondre de ces étrons surpassant en grosseur
Les étrons les plus forts que ferait un Hercule,
Et laisser aux marchands et seringue et canule.

C'est peut-être m'avancer trop loin de dire que ce sera toujours *sans douleur*. Non, Mesdames, je n'ose pas vous le prédire; j'ai trop peur que beaucoup d'entre vous ne me prennent pour un faux prophète. Mais au moins vous chierez sans le secours des lavemens; et si vous en prenez encore, ce sera uniquement pour vous conserver le teint frais.

(15) Des faciles étrons, ô cuisine ennemie,
L'Almanach des gourmands et *la Gastronomie*
Avec assez d'éclat t'ont remise en vigueur!

Il est certain que ces deux livres-là ont eu un grand succès, et méritaient de l'avoir. Déjà le premier est à sa quatrième édition, et le second à sa troisième. En supposant donc que ces deux ouvrages n'aient été tirés qu'à trois mille exemplaires chaque fois, ce qui est bien peu, il résulte de là qu'il y a au moins en France vingt-un mille amateurs de bonne chère qui savent lire. Il y en a sans doute un plus grand nombre qui ne sait ni *a* ni *b*. Mais comme ce nombre de gourmands est très-petit, eu égard à notre population, j'aime à croire qu'il y a beaucoup plus de personnes qui tiennent à mes principes, et qui mettant le plaisir de chier au nombre des jouissances réelles, achèteront mon ouvrage, sinon par besoin, du moins par précaution.

(16) Regardez cette vierge à la fleur de ses ans :
Son cœur a-t-il parlé ? C'en est fait, son derrière
Ne rendra presque plus de fécale matière.

Il est trop vrai que les amoureux ne chient pas ; et cela par une raison bien simple, c'est qu'ils ne mangent pas. Malheureusement cet état dure quelquefois assez long-temps ; les jeunes gens qui éprouvent la passion de l'amour pour la première fois sont ordinairement timides, et n'osent pas se déclarer, à moins qu'ils ne fassent sur eux un effort extraordinaire. D'un autre côté, il est dans l'ordre que les demoiselles ne parlent pas les premières ; il faudrait donc pour l'intérêt de tous, ou que cet ordre fût interverti, et alors les choses iraient bien plus vite, ou que le sexe masculin que la nature a destiné à faire les avances, s'expliquât plutôt, et ne perdit pas le temps en soupirs inutiles. Quant aux amoureux qui n'en sont pas à leur coup d'essai, on sait qu'ils mangent et chient à merveille. Il n'y a que le premier pas qui coûte.

FIN DES NOTES DU PREMIER CHANT.

CHANT DEUXIÈME.

(17) Le pauvre, autant qu'il peut, suit de près la nature ;
C'est pour vivre, en un mot, qu'il prend sa nourriture.

Oui, c'est bien lui qui observe la maxime que l'avare voulait faire graver en lettres d'or sur la cheminée de sa salle : *Il faut manger pour vivre, et non pas vivre pour manger.* Mais supposons-le sensible au doux plaisir de chier, il n'enviera pas plus au riche sa bonne chère, que le savetier de La Fontaine n'enviait au financier ses richesses immenses :

Rendez-moi, lui dit-il, mes chansons et mon somme,
Et reprenez vos cent écus.

Liv. VIII, Fab. 2.

(18) Toujours de haricots une large gamelle,
Et pour les engraisser quelques *bouts de chandelle*
Parfois liaient la sauce.

Ce n'est pas un conte fait à plaisir. Il est certain que dans les gamelles qu'on servait le soir, il se trouvait de temps en temps des bouts de chandelles, qu'apparemment les marmitons y laissaient tomber par maladresse. Une fois même on y trouva un rat, qui s'étant précipité dans la marmite, eut l'honneur de paraître sur la table comme un mets friand.

(19) Ce régime existait durant toute l'année ;
Comme allait le matin, allait l'après-dînée.

Quoiqu'en racontant on exagère toujours, je n'ai rien exagéré dans ce récit sur le régime du collége de Montaigu ; j'en atteste tous ceux de mes anciens camarades qui se trouveraient au nombre de mes lecteurs. Les incrédules peuvent s'adresser à ceux qui sont connus dans le monde, tels que MM. de Guerle et Léger. Ce n'est pas que je veuille faire ici un crime aux autres de leur obscurité ; n'ai-je pas à craindre, au contraire, qu'ils m'en fassent un dans la suite d'avoir voulu sortir de la mienne. Ils auront bien raison, si mon ouvrage n'est du goût de personne. Mais pour m'en consoler, j'irai manger des haricots avec eux à la *première réunion* qui sera provoquée ; j'ai su par les journaux qu'il y en avait eu plusieurs ; et si mes affaires me l'eussent permis, je n'aurais pas manqué de m'y trouver. Car bien que j'aie étudié plus d'années à *Louis-le-Grand* qu'à *Montaigu,* et que j'aie beaucoup plus de camarades de *la rue Saint-Jacques* que de *la rue des Sept-Voies,* j'avoue que j'ai conservé autant d'amitié pour les uns que pour les autres, et qu'il y en a plusieurs avec qui je voudrais bien que d'heureuses circonstances me rapprochassent.

(20) Du matin jusqu'au soir avec de longues mines
Quelle foule empressée assiégeait les latrines,
Restes d'un bain public ou d'un temple païen
Qu'avait construit jadis l'empereur Julien !

C'était la tradition de mon temps. Ce qu'il y a de sûr, c'est que ces latrines étaient un souterrain assez vaste éclairé par des fenêtres très-hautes donnant sur la rue des Chiens, et dont la voûte soutenue par de gros piliers ressemblait assez à celle d'un temple ou d'une église. L'empereur Julien n'est là que pour la rime ; cependant commes ses Thermes ne sont pas très-éloignés, il serait possible que cette construction fût au moins de son règne.

(21) Des rats de la maison c'était la métropole.

Les rats y étaient en très-grand nombre, d'une grosseur prodigieuse, et d'une hardiesse extraordinaire. On en voyait quelquefois qui non-seulement tenaient tête à plusieurs chats réunis, et sortaient victorieux de cette lutte ordinairement inégale, mais encore qui traversaient impunément la cour du collége au moment où tous les écoliers y étaient en récréation. Il n'y avait pas de coups de balles, de coups de pied qui en vinssent à bout; et sur dix qui faisaient ce trajet périlleux, il y en avait neuf qui échappaient à la fureur de leurs ennemis. Il est vrai que, dans leur désespoir, ils sautaient aux jambes, et que la crainte d'être mordu empêchait souvent de donner des coups plus sûrs.

(22) Par un heureux hasard durant quelqu'exercice,
Qu'un maître vînt à faire une absence propice,
Soit pour aller péter, soit pour aller chier,
(Car le maître chiait autant que l'écolier)
Par *un chemin couvert,* une étroite ouverture
Que de pets s'élançant de leur prison obscure
Précipitaient leur vol dans les airs infectés!

Quel homme ayant passé les premières années de sa jeunesse dans un collége ou dans une pension, ne se rappelle pas avec plaisir les courts et rares instans où le maître s'absentait? Comme on profitait de cette absence pour mille espiégleries, pour mille petites confidences, pour mille communications relatives aux difficultés du travail, pour mille petits besoins! Quel désordre en une minute! Avec quelle précipitation il était réparé! Il y avait toujours quelques étourdis qui finissaient par payer pour les autres; mais ils s'en consolaient dans l'espoir qu'une autre fois les autres paieraient pour eux.

(23) Choisissez prudemment parmi les mets divers
Que la terre produit, qu'on trouve au sein des mers,
Choisissez, dis-je, ceux que la simple nature
Désigna de tout tems pour notre nourriture.

Me voilà bien ici en opposition avec *la Gastronomie* et *l'Almanach des Gourmands*; j'en demande pardon à leurs auteurs; mais *chacun prêche pour son saint.* Cependant les conseils que je donne ici ne s'adressant qu'aux gens constipés, il est clair qu'ils peuvent recommencer à faire bonne chère, une fois que le cours des étrons est rétabli, sauf à revenir à moi, quand ils ne chient plus, semblables à ceux qui congédient leur médecin quand ils sont guéris, et le redemandent dès qu'ils sont malades.

(24) Il est bien d'autres mets dont l'usage fréquent
Éteindra la chaleur qui durcit l'excrément.

Pour suppléer à ce que je ne dis pas, mes lecteurs peuvent avoir recours à un petit livre qui a pour titre : *Le Directeur des estomacs, ou instruction sur les alimens de toute espèce dont chacun selon son âge et son tempérament peut se permettre ou doit s'interdire l'usage, etc.* Paris, Debray, rue Saint-Honoré, et Desenne, palais du Tribunat.

(25) Comme on a distingué différens pets et vesses.

Vous qui êtes sujets aux vents, voyez l'*Art de péter,* et instruisez-vous à fond sur cette matière, si vous voulez joindre la théorie à la pratique.

(26) Ces cas sont composés ou de *bran* ou de *merde.*

J'avoue que j'ai réfléchi long-temps pour savoir au juste à quoi m'en tenir sur le *bran* et la *merde,* et décider lequel de ces deux cas devait avoir la préséance. Ce qui a commencé à m'ébranler en faveur de l'un plutôt que de l'autre, c'est le *genre* dont sont les deux mots ; le masculin étant plus noble que le féminin, cette considération a donc commencé à faire pencher la balance du côté du *bran,* malgré tout mon respect pour ce qui est du sexe : cependant je n'aurais jamais osé porter un jugement définitif, si comme un trait de lumière, un distique latin bien connu ne s'était pas tout-à-coup présenté à ma mémoire ;

Quando cacare voles, chartam portare memento,
Ne maneat digitis pendula *merda tuis.*

Il faudrait être aveugle pour ne pas voir l'effet du mot *pendula ;* il est d'harmonie imitative ; il prouve *clairement* que *la merde* approche de *la foire,* et que le *bran* est d'une nature plus robuste, comme je l'ai fait *sentir* dans ma description des différens cas.

(27) De là ces pruneaux noirs circulant dans Paris
Après *Quasimodo* sont vendus à vil prix.

Je dis *après Quasimodo,* parce qu'alors les temps de pénitence étant expirés pour la plupart des pécheurs, on renonce aux alimens des Anachorètes, et on revient aux bons morceaux des anciens chanoines.

(28) Aimez-vous le raisin? Le raisin le plus beau
Dans les sables brûlans croît à Fontainebleau.

La réputation du raisin de Fontainebleau est faite depuis long-temps ; c'est avec le pavé qui se tire des roches de la forêt, le commerce principal de cette ville. Mais il faudrait que la récolte du raisin eût lieu *quatre fois l'année* pour que les habitans n'eussent point à se plaindre de la mauvaise qualité de leur sol, qui d'ailleurs ne leur offre pas de grandes ressources. Ils ont l'espoir, il est vrai, que l'Empereur viendra quelquefois séjourner dans leurs murs avec toute sa cour; puisse-t-il se réaliser souvent ! Ceux qui n'ont pour fortune que des appartemens à louer ont bien besoin de ces voyages, ainsi que les marchands dont le commerce n'est pas de première nécessité. Car je sais de bonne part que le seul libraire qui s'y trouve a regret de s'y être établi, au lieu que deux à trois cents traiteurs, pâtissiers, aubergistes, marchands de vin, limonadiers, etc. se tirent parfaitement d'affaire. Cela prouve que, dans cette ville comme dans beaucoup d'autres, le corps a plus de besoins que l'esprit.

(29) Venez : ne craignez pas *la vipère nouvelle*
Que connaissait déjà l'histoire naturelle.

Je ne puis mieux faire que de transcrire ici la note qu'on lit à la fin du poëme de *la forêt de Fontainebleau,* par M. Castel. « Je n'ai pas cru, » dit-il, devoir parler des vipères de Fontainebleau, dont on a fait si » grand bruit l'automne dernier. J'en ai plusieurs fois cherché dans cette » même saison, et à peine en ai-je rencontré une ou deux. D'ailleurs, ces » reptiles n'attaquent point l'homme, du moins sans provocation, et je » ne doute pas que le retour des sangliers dans la forêt ne les fasse à peu-» près disparaître. »

Quant à moi, j'ai bien souvent et dans toutes les saisons parcouru les différens sites de la forêt, en chassant aux insectes, et je n'ai jamais rencontré de ces vipères. Mille autres habitans de Fontainebleau diront de même : ainsi les étrangers peuvent se rendre sans crainte dans cette ville, pour y voir le château dont les appartemens se réparent, pour y manger du raisin dans la saison, et jouir des promenades de la forêt, qui est, sans contredit, une des plus pittoresques des environs de Paris.

(30) Pour vous dont le bas-ventre aussi dur qu'une roche,
Ne peut se comparer qu'à *la mouche du coche.*

Oui, sans doute, en ce qu'il fait plus de *bruit* que de *besogne.*

FIN DES NOTES DU DEUXIÈME CHANT.

CHANT TROISIÈME.

(31) HEUREUX qui mange fort, plus heureux qui digère!

Dans le cours de ce troisième chant, l'exercice que j'ai prescrit pour mieux faire la digestion, l'auteur de *la Gastronomie* le recommande pour se procurer de l'appétit. Nos préceptes sont donc les mêmes pour amener des résultats différens. Mais comme on a bien plutôt mangé que digéré, j'ai cru que ce qui tenait une page seulement dans le poëme de M. Berchoux, pouvait former dans le mien le sujet d'un chant tout entier. Il était si essentiel de ne rien oublier pour conduire les constipés au point où j'ai voulu les guider! A table, quand on n'a pas d'appétit, on en est quitte pour ne pas manger, et l'on ne s'en porte pas plus mal; au lieu que quand on a bien mangé, si l'on ne digère pas, on ne chie pas non plus, et l'on est bientôt malade.

(32) Mille jeux variés qu'un autre a pu décrire,
Doivent par leurs attraits à ce but vous conduire.

On sait que dans *l'Homme des champs,* M. Delille a fait la description de plusieurs jeux; j'ai cru devoir en décrire aussi quelques-uns, non pour lutter avec un si grand maître, dont je ne puis être que le plus sincère admirateur, mais parce qu'il fallait indiquer tous les moyens de faire de l'exercice. Au reste, pour dédommager le lecteur, je lui mettrai sous les yeux les vers du Virgile français, lorsque les miens leur ressembleront, *par le sujet* s'entend.

Il y a aussi un petit poëme sur *les jeux de l'enfance,* par M. Raboteau et soit dit en passant, les amateurs ont dû le lire avec plaisir.

(33) Que si vous ne montez de crainte d'accident
Le docile animal né d'un coup de trident.

M. Delille a dit :

Cet animal guerrier qu'enfanta le trident.

Au lieu de retourner le vers comme j'ai fait, j'aurais pu le mettre tout entier, en le soulignant ; mais n'eût-il pas eu l'air de la perle dans le fumier ?

(34) Par exemple, je crois que la jeunesse seule
Doit exclusivement jouer à *pet-en-gueule ;*
Même passé douze ans il paraît convenu
D'abandonner aussi le jeu de *broche en-cu.*

Il aurait fallu un autre talent que le mien pour décrire ces deux jeux-là, qui, au reste, doivent être connus de beaucoup de monde, et qui ne conviennent réellement pas à des hommes faits. Le premier est très-*roturier ;* mais j'ai vu souvent le second *ennobli ;* j'en ai parlé, parce que leur nom seul était digne *d'orner mes vers.*

(35) Au ballon bondissant préférez-vous la boule ?

Sur ce jeu voici les vers de M. Delile :

Ailleurs s'ouvre un long cirque où des boules rivales
Poursuivent vers le but leurs courses inégales,
Et leur fil à la main, des experts à genoux
Mesurent la distance et décident des coups.

(36) Mais sur un sable uni des cônes alongés,
Et comme des soldats en bataillon rangés,
N'attendent que l'instant où l'on doit les abattre.

Je rapporterai encore les vers de M. Delille ; on ne se lassera pas plus de les lire, que je ne me lasse de les copier :

Plus loin un bois roulant de la main qui le guide
S'élance, cherche, atteint, dans sa course rapide,
Ces cônes alignés, qu'il renverse en son cours,
Et qui toujours tombant, se redressent toujours ;
Quelquefois, de leurs rangs parcourant l'intervalle,
Il hésite, il prélude à leur chute fatale ;
Il les menace tous, aucun n'a succombé ;
Enfin il se décide et le neuf est tombé.

(37) Exprès pour s'amuser Socrate, nous dit-on,
A cheval tous les jours allait sur un bâton.

Apparemment que le plus sage des hommes n'était pas assez riche pour avoir un cheval. Comme les temps sont changés! Aujourd'hui le plus déraisonnable de nos compatriotes, comme des étrangers, en a quelquefois cinquante à ses ordres. Quoi qu'il en soit, nous ne pouvons pas révoquer en doute ce qu'a dit Valère-Maxime : *Arundine equitavit ipse Socrates.* Liv. VIII, chap. 8.

(38) L'auteur de l'Apologue, Ésope quelquefois
Au milieu des enfans, comme eux jouait aux noix.

C'est Phèdre qui raconte ce fait ; les lecteurs qui n'ont peut-être rien vu de cet auteur depuis leur *sixième*, ne seront sûrement pas fâchés de lire la fable en entier.

Puerorum in turbâ quidam ludentem Atticus
Æsopum nucibus cùm vidisset, restitit,
Et quasi delirum risit. Quod sensit simul
Derisor potius quàm deridendus senex :
Arcum retensum posuit in mediâ viâ :
Heus, inquit, sapiens, expedi quid fecerim ?
Concurrit populus ; ille se torquet diù,
Nec quæstionis positæ causam intelligit ;
Novissimè succumbit. Tùm victor sophus :
Cito rumpes arcum, semper si tensum habueris ;
At si laxâris, cùm voles, erit utilis.
Sic ludus animo debet aliquando dari,
Ad cogitandum melior ut redeat tibi,

PHED. lib. III, Fab. 14.

(39) Toutefois ces conseils ne sont pas de saison
Pour les talens divers que possède la France;
Maint poëte sur-tout y chie avec aisance.

Et moi tout le premier. Quoique je sois possédé du démon de la rime, je n'ai pas besoin de me gêner plus que *Francaleu.* J'en serais cependant resté à mes petits vers de société, si l'idée de faire un poëme sur l'*Art de chier* eût pu venir à un autre qu'à moi, et sur-tout à un homme de génie. Véritablement il n'y avait qu'un *poëte crotté* qui pût l'entreprendre; et comme ce qui est extraordinaire et nouveau a toujours une certaine vogue, autant que j'en profite qu'un autre.

Au reste, je ne pouvais pas manquer de produire un jour un ouvrage considérable sur cette matière, dont je me suis très-souvent entretenu avec plaisir. Je n'ai jamais été plus content qu'au milieu d'une société où mon goût, *rien moins que noble si l'on veut,* pouvait librement se donner carrière, et il n'était pas rare que j'amenasse le premier la conversation sur mon sujet favori. Si un autre commençait, oh! alors j'étais intarissable. Faisait-on des charades? Tout de suite on m'entendait dire:

Mon premier pue ainsi que mon dernier
Et tous deux cependant se font dans mon entier.

Je ne sortais pas de mon genre, et l'on ne me devinait pas plus aisément qu'un autre. Chantait-on? Si j'étais avec des *aristocrates,* mon refrain était:

Qui fait caca sur les despotes,
Doit avoir le cul haut perché.

Si j'étais avec des *démocrates*, je chantais au contraire le couplet suivant:

Je suis un brave sans culottes,
Je m'en f....
Je fais caca sur les despotes,
Je m'en f....
Quand je devrais mourir de faim,
Je veux vivre républicain,
Je m'en f....

Que si j'étais avec des *modérés*, je m'en tenais tout bonnement à la complainte de *madame Alison.*

Je devrais rougir de parler de *charades* et de *chansons*, après avoir fait *un poême;* mais le plus *grand génie* peut avoir du faible pour ses premiers nés.

(40) Allons, que tardez-vous? Qu'un fréquent exercice
A travers cent canaux filtrant votre souper,
Cesse de vous pâlir et de vous constiper.

J'ai cru que les constipés devaient être pâles, par la raison qu'on dit *rouge comme un chieur.* Cependant il y a des exceptions; car il y a des gens qui ne peuvent pas chier, et qui sont *très-hauts en couleurs.*

(41) L'hôte est-il noble et grand, l'hôtesse généreuse?

Il est inutile de nommer ces hôtes si aimables; ils ont péri victimes de la fureur révolutionnaire; mais leur souvenir sera toujours cher à ceux qui les ont connus.

(42) Le dernier de nos rois, ce malheureux Bourbon,
Qui peut-être vivrait, s'il n'eût été trop bon,
Façonnait une clef, forgeait une serrure.

Tout le monde sait que Louis XVI, en effet, dans ses heures de loisir, maniait le marteau et la lime. Il eût mieux valu qu'il sût tenir plus vigoureusement les rênes de l'Etat. Il n'y a pas de danger que le héros qui nous gouverne aujourd'hui emploie si mal son temps : il est difficile qu'un monarque en ait de reste en France comme ailleurs.

(43) Des préceptes nouveaux qu'il donne à son *Emile*
Voilà le plus prudent comme le plus utile.

Malgré des réflexions anti-philosophiques qu'on a lues dans *le journal des débats*, aujourd'hui *journal de l'Empire*, il ne peut jamais être inutile à l'homme riche et bien né d'avoir un *talent* ou de savoir un *métier*. Sans parler des révolutions politiques, et sûrement nous sommes payés de toutes façons pour les redouter, on sait que la fortune est inconstante, et retire souvent ses faveurs à ceux qu'elle en avait comblés. Que faire en ce cas? ira-t-on tendre la main? Se brûlera-t-on la cervelle? Il vaut mieux sans doute supporter courageusement son malheur, et vivre de son talent ou de son industrie. Celui qui n'a rien, et qui ne sait rien faire, est à charge à la société ; celui qui est riche et sait passer le temps d'une manière utile ou agréable, n'en est que plus heureux.

(44) Parcourez donc les lieux que Plutus donne à Flore,
Agréable domaine où l'œillet se colore,
Où la rose éclatante et le lys orgueilleux,
En flattant l'odorat, font le charme des yeux.

Dans ces vers et dans les suivans, il peut y avoir quelques *hémistiches* qu'on retrouverait ailleurs, principalement dans *le poëme des Jardins* et dans *l'Homme des champs :* je suis bien aise d'en prévenir le lecteur, mon intention n'étant pas de me parer des plumes de paon.

(45) Savant avec un livre, en cette œuvre profane,
Je ne redirai pas ce qu'a bien dit *Lalanne*.

Dans son *Essai didactique sur le Potager*, charmant petit poëme qui peut aller de pair avec celui du *Verger*, par M. Fontanes. Le même auteur a publié aussi *les Oiseaux de la ferme,* autre petit ouvrage qui m'a fait encore plus de plaisir que le premier.

(46) Mais la merde d'un Suisse exhale forte odeur
Qu'on sent et qu'on respire avant de l'avoir vue,
Et le duc de crier : AH ! LE COQUIN, QU'IL PUE !
Pour cinq sols que le roi me fait donner par jour,
Vous chierai-je du musc, réplique le tambour ?

Voici le fait tel qu'il se trouve dans *l'Art de désopiler la rate,* sive de modo cacandi prudenter, *en prenant chaque feuillet pour se torcher le derrière,* livre dont on a apparemment fait l'usage indiqué dans le titre, puisque depuis long-temps il n'est pas commun :

« Un soldat venait de satisfaire à un de ses plus pressans besoins. Un » officier qui passait se mit à s'écrier, en se bouchant le nez : Oh ! quelle » puanteur ! Quoi donc ! mon officier, dit le grivois, prétend-on que pour » cinq sous que je reçois par jour, je fasse du musc ? »

D'une anecdote qui n'a que deux mots, on voit que j'ai fait un assez long épisode ; il n'y a pas là de quoi se vanter ; mais j'ai *allongé la courroie,* ou grossi mon volume, dans l'espérance de le vendre plus cher. En cela n'ai-je pas suivi le torrent ? En tout cas, *les bonnes choses* feront passer les longueurs.

FIN DES NOTES DU TROISIÈME CHANT.

CHANT QUATRIÈME.

(47) Eh! ne vous moquez pas! quelquefois la *lunette*
Échauffa l'orateur, inspira le poëte.

En effet, le besoin de chier ne peut-il pas prendre à un écrivain dans le feu de la composition? Oui, sans doute. On conviendra aussi qu'on n'est pas toujours maître de ce besoin-là, et qu'il est quelquefois si pressant, qu'il faut tout quitter malgré soi pour aller le satisfaire. Cependant on ne veut pas perdre le fil de ses idées : on pense, on compose, tandis que le corps se soulage ; et avant d'avoir fini sa besogne animale, ou du moins d'avoir torché son derrière, s'il se présente un trait heureux qu'on craint de voir échapper, je conçois qu'on retourne bien vite à son bureau sans s'embarrasser d'avoir la crotte au cul. Les hommes à talens qui penseraient à tout en pareil cas, courraient de gros risques, et pourraient faire beaucoup de tort à la postérité.

(48) Des gens plus recherchés ont *des lieux à l'anglaise*,
Où règne l'élégance ; où, ne vous en déplaise,
Dans de la porcelaine ils posent leur étron.

L'empereur Héliogabale chiait dans des vases d'or ou d'argent. Il y avait même à Rome de simples particuliers qui étaient dans le même usage, comme le prouve cette épigramme de Martial, qui est la 38e du livre premier, *édition de Barbou*, 1754 :

Ventris onus misero, nec te pudet, excipis auro,
Bassa ; bibis vitro ; cariùs ergo cacas.

Aux repas que donnaient les rois d'Egypte des premières dynasties, on apportait aussi un vase d'or ou d'argent, pour que les convives y chiassent, *in quibus ventrem levarent.* Herodot. lib. 2, Alexand. ab Alex. lib. v, c. 21.

(49) Cependant quel que soit l'éclat, le prix du vase
Où de vos alimens vous déposez la vase,
Du bonheur de chier voulez-vous bien jouir?
C'est en chiant dehors qu'on double le plaisir.

Diodore de Sicile nous apprend, *liv.* 1, *chap.* 8, que dans le cours ordinaire de la vie, les Egyptiens chiaient en plein air, en se tournant invariablement du côté du nord ou du midi; et nous voyons dans Pline le naturaliste, *liv.* XXVIII, *chap.* 19, que les mages avaient grand soin de leur recommander cette pratique. Quant à moi, je n'ai rien voulu prescrire à cet égard, dans la crainte que ceux qui ne savent pas s'orienter ne fussent exposés à chier dans leurs culottes.

(50) Il est d'ailleurs, il est dans toutes les cités
Un cul-de-sac obscur, un vieux pan de muraille,
Où des milliers d'étrons disposés en bataille,
Vu la chaleur, la pluie et d'autres accidens,
Aux cas nouveau-venus, par place, ouvrent leurs rangs.

Comme je n'ai pas vu plus de pays que le père du rat de la table, qui n'*osait voyager, craintif au dernier point,* je n'indiquerai pas à ceux qui se proposent de faire le tour du monde pour leur instruction, je ne leur indiquerai pas, dis-je, les endroits de chaque ville où l'on a l'habitude de se porter en foule pour y faire ses besoins. Cependant j'ai tant de bienveillance pour mes lecteurs, que je veux leur apprendre tout ce que je sais à cet égard. A Provins, à Senlis, à Château-Thierry c'est *sur les remparts,* attendu qu'on y est en belle vue; à Roye, c'est *autour du jeu de paume;* à Meaux, à Soissons et à Melun, c'est dans *beaucoup de rues,* et sur-tout sur *le bord de la rivière;* à Fontainebleau, c'est dans *la rue des Trois-Pucelles,* dans la *rue du Citron,* sur *la place d'armes,* dans *la rue de l'Abreuvoir*, et un peu par-tout ; à Troyes, je n'y ai pas été ; mais les mémoires de l'Académie des Sciences de cette ville, déjà cités, nous disent que c'est *la rue du Bois* qui est consacrée à cet usage ; et comme la manière dont ils s'expriment à ce sujet est assez curieuse, il faut que j'en régale les amateurs. S'il est jamais permis de copier un livre pour grossir le sien, c'est assurément dans ce cas-ci, puisque ces mémoires si intéressans sont entre les mains de très-peu de personnes.

« La rue du Bois est, sans contredit, une des plus belles rues de cette » capitale de la Champagne. Elle commence du côté de l'orient, au gué » formé par le bras de la Seine qui lave les murs des RR. PP. Cordeliers ; » de là elle monte jusqu'au rempart qui ferme la ville à l'occident, et elle » y prend le nom de *Corterie* ou marché aux chevaux. Elle a pour tout » environ sept toises de largeur ; au milieu coule un ruisseau qui la » divise en deux parts égales ; c'est sur les bords de ce ruisseau que » tout âge et tout sexe vient payer le tribut journalier auquel la digestion » le soumet.

» Voici le cérémonial qui s'observe en ces occasions : on se place » d'abord de manière que l'on ne soit tourné ni du côté de l'orient, ni du » côté de l'occident. On lève ou l'on abaisse les linges et vêtements qui » couvrent les parties évacuantes ; on s'accroupit, les deux coudes posés » sur les genoux, et la tête appuyée dans le creux des mains ; l'évacuation » faite, on se r'habille sans se servir de linge ni de papier ; on regarde ce » qu'on a fait, et l'on s'en va. »

Les Troyens sont si jaloux de la possession de cette rue pour y déposer leurs étrons, qu'ils se révolteraient plutôt que de souffrir qu'on les en privât. Leurs magistrats ont toujours eu le plus grand respect pour cet usage ; respect si bien cimenté, que, depuis Clovis jusqu'à nos jours, c'est-à-dire jusqu'en 1756, on ne l'a vu qu'une seule fois se démentir. Ce fait qui n'est imprimé nulle part, *excepté dans le volume où je l'ai pris,* mérite d'être transmis à la postérité.

« Il y a environ cent ans (aujourd'hui près de cent cinquante) que la » ville eut à sa tête des magistrats aussi peu éclairés que ceux qu'elle » choisit d'ordinaire le sont beaucoup. Ces magistrats, sans érudition et » sans goût, s'avisèrent de jeter un regard de dédain sur l'usage pratiqué » dans *la rue du Bois;* et leur projet n'allait pas moins qu'à porter une » main profane sur tous les monumens respectables qu'on y trouve à » chaque pas.

» La nouvelle en fut bientôt portée dans le quartier. Maîtres tisserands, » compagnons, trameurs, fileuses de coton, tous les intéressés s'assemblent » tumultuairement dans l'endroit vulgairement appelé les *alloures* ou » *alloires de la corterie.* Là, il fut délibéré sur le salut commun. On » résolut d'envoyer des députés à l'hôtel-de-ville; un nommé Briet, » maître tisserand, homme de tête et beau parleur, et un autre dont le » nom s'est malheureusement perdu dans la nuit des temps, furent élus » pour remplir ce ministère glorieux. Ils partirent pour l'hôtel-de-ville, » environnés d'une foule innombrable de tout âge et de tout sexe: sem- » blables à ces anciens tribuns, qui montaient au Capitole, pour dé- » fendre les intérêts du peuple romain contre les entreprises du sénat.

» Arrivés devant le conseil de ville, on fit silence. Nos députés, sans » perdre de temps en paroles inutiles, adressèrent aux magistrats cette » harangue si courte, mais si belle et si pleine d'énergie: MESSIEURS, » NOS PÈRES Y ONT CHIÉ, J'Y CHIONS, ET NOS ENFANS Y CHIERONT. Ce » peu de mots, dignes de l'ancienne Sparte, fit un effet prodigieux; tout » le monde en fut frappé; des cris d'acclamation s'élevèrent de toutes » parts; le corps de ville, reconnaissant l'injustice de ses prétentions, » accorda aux députés tout ce qu'ils pouvaient désirer; et *la rue du Bois,*

» glorieusement maintenue dans la jouissance de ses droits, vit avec » transport tous les culs de ses vassaux revenir à la manière accoutumée, » lui rendre l'hommage, et lui payer le tribut qu'ils lui devaient. »

Il serait à souhaiter qu'on eût des renseignemens aussi positifs sur toutes les villes de l'empire, où les étrons ont un domaine qui leur est propre ; car j'aime à croire que la ville de Troyes ne s'est pas ressentie de la révolution sous ce rapport, et que *la rue du Bois* offre toujours un asyle sûr où ses habitans vont chier. Si donc quelques savans, aussi zélés que moi pour le bien public, ont à publier sur les villes où ils demeurent des observations dignes d'intéresser les chieurs du pays et les chieurs étrangers ; si, d'ailleurs, ils ont approfondi en secret la matière que j'ai traitée, et sont dans le cas de me communiquer, soit des réflexions judicieuses, soit des anecdotes piquantes à ce sujet, je les invite à les adresser à mon libraire ; et dans une autre édition de mon poëme, ils auront la satisfaction de les y voir figurer, ou dans le texte ou dans les notes.

Cependant comme *la constipation* est un mal général, il est possible que mon poëme *soit traduit dans toutes les langues,* et que, suivant l'usage, le traducteur y mette un peu du sien. Or afin que l'auteur d'un si beau chef-d'œuvre profite lui-même des bonnes choses qu'on y aura ajoutées, et les communique ensuite à ses compatriotes, j'invite aussi Messieurs les traducteurs de toutes les nations à faire parvenir également à mon libraire, pour m'être remis, un exemplaire de leur traduction ; en retour, je leur adresserai un exemplaire choisi de la dernière édition de mon Art de chier, où j'aurais fait entrer ce qu'ils y auront mis de neuf. J'ai déjà mes interprètes tout prêts pour les langues que j'ignore, et d'ailleurs je puis prouver que je sais l'essentiel : ce que nous exprimons communément en France par le mot chier s'appelait anciennement chez les Hébreux, *hesich raghlav ;* chez les Grecs, χεζειν ; chez les Latins, *cacare;* on dit maintenant en Allemagne, *scheissen;* en Angleterre, *to shite;* en Italie, comme chez les Romains, *cacare,* et en Espagne, *cagar.* Qu'on dise après cela que je ne suis pas *doctus cum libro.*

(51) Si la rue aux étrons était trop éloignée,
Une autre en peu de tems vous sera désignée
Par ces cadets d'Auvergne et ces lourds porte-faix
Qui *se faisant un front qui ne rougit jamais,*
Et découvrant par-tout leur gros vilain derrière,
Infectent de leurs cas presque la ville entière.

Il ne faut pas être honteux de chier dans les rues; les peuples anciens les plus célèbres nous en ont montré l'exemple. Les Athéniens y chiaient: Aristophane nous présente plusieurs traits qui le prouvent; un des plus frappans est le discours que cet auteur met dans la bouche de Strepsiades, *Comédie des Nuées, Act. V, Scène 2.* Ce morceau mérite d'être ici traduit en entier. C'est un père qui étant maltraité par son fils, lui reproche son ingratitude.

« Malheureux, lui dit-il, c'est moi qui ai pris soin de ton enfance; à » peine savais-tu balbutier, que je savais ce que tu voulais. Disais-tu » nanan? je courais vite te chercher à manger: je n'attendais pas que tu » dises: Caca, pour te porter dans la rue, et là je te faisais chier entre » mes bras. A présent tu veux m'étrangler! J'ai beau crier que je me » meurs d'envie de chier, impur que tu es! Tu ne veux pas me laisser » sortir dans la rue, et en me serrant la gorge, tu m'as fait chier tout » par ici. »

A Lacédémone, on chiait aussi dans les rues. Plutarque nous a transmis une aventure qui ne laisse aucun doute là-dessus;

« Quelques passants de la ville de Chios estans venus veoir la ville de » Sparte, s'enyurèrent très-bien: et après soupper estans allez veoir l'au-

» ditoire des éphores, rendirent leurs gorges dedans, et qui plus est » *feirent leurs affaires* sur les chaires mesmes où se scoient les éphores. » Le lendemain les Spartiates feirent du commencement une extresme » diligence d'enquerir qui l'auait fait, pour scavoir si c'estoient point » quelques-uns de la ville : mais quand ils entendirent que c'estoient ces » passants de Chios, ils feirent alors proclamer à son de trompe qu'ils » permettoient à ceux de Chios d'estre villains. » Voyez les dicts notables des Lacédémoniens, traduction d'Amyot, édit. de Vascosan, *in-fol.* feuillet 223 *verso.*

(52) Enfin si vos étrons pour vous ont l'odeur bonne,
Croyez que cette odeur n'accommode personne.

Stercus suum cuique benè olet, dit un adage bien connu : chacun trouve que son étron a l'odeur bonne ; mais il est certain que tout le monde n'est pas de cet avis-là sur l'étron d'autrui, ni même sur de petites incongruités. Cependant Suétone nous apprend que l'empereur Claude avait le projet de publier un édit, qui permettait de vesser et de péter à table, *quo veniam daret flatum crepitumque ventris in convivio emittendi,* sur ce qu'il avait entendu dire qu'une personne trop discrète avait manqué de périr pour s'être retenue en pareille circonstance. Caton l'ancien convient aussi que lorsqu'il prenait les auspices chez lui, s'il arrivait à quelqu'un de ses esclaves de péter, il trouvait que cela ne faisait point de mal, *nullum mihi viticum facit.*

Le vertueux et infortuné M. de Lamoignon de Malesherbes était du même avis. Il y avait dans le bourg dont il était seigneur un perruquier nommé *Dolet,* qui le rasait souvent au défaut de son valet-de-chambre. Un jour le barbier, en s'acquittant de ses fonctions, faisait d'horribles grimaces, dont M. de Malesherbes s'apperçut. — Qu'avez-vous donc, Dolet ? — Oh ! Monsieur, rien. — Mais vous avez l'air de souffrir ? —

Non, Monsieur. — Que signifient toutes les contorsions que vous faites? Vous êtes plus laid que le diable. — Alors Dolet veut se composer, et n'en peut venir à bout. Enfin, M. de Malesherbes l'observant encore, et insistant pour savoir ce qui le tourmentait, le barbier finit par lui avouer qu'il est sujet à des vents, dont il n'est pas toujours le maître. — Bon! n'est-ce que cela? dit aussi-tôt le bon seigneur; *pétez, mon cher Dolet, pétez.* Ah! je connais bien votre maladie, et je ne manque jamais l'occasion de me soulager.

(53) Errez sur les coteaux où la vigne prospère,
Et là, le cul tourné vers le flambeau du jour,
Sans vouloir le braver, faites votre grand tour.

Un des préceptes de Pythagore était de ne point pisser en face du soleil, ωρὸς ἥλιον τετραμμενον μὴ ομιχεῖν; mais il n'a pas défendu d'y chier. *Voy.* Diogène Laërce dans la vie de Pythagore.

(54) Heureux de devancer l'avide *Gr.bouri!*

Cet insecte coléoptère fait, sur-tout dans son état de larve, un tort singulier aux plantes qu'il attaque. L'espèce la plus nuisible est celle de la vigne; elle en ronge les racines. En faisant des tas de fumier et d'étrons dans les vignes, on les attire, et ensuite on brûle le fumier dont les cendres sont un excellent engrais.

(55) On voit le *fouille-merde,* au ventre éblouissant,
De sa postérité sans cesse s'occupant,
Y former cette boule où sa tendre femelle
Déposera les œufs d'une race nouvelle.

Les Egyptiens, ce peuple qui produisit les premiers philosophes et les premiers sages de l'univers, regardaient tous les pets et toutes les vesses comme autant de divinités, et les adoraient avec une espèce de transport, *non sine quodam furore,* Ils honoraient aussi d'un culte spécial et particulier l'escarbot ou *fouille-merde*. Cet insecte qui naît dans la merde, qui s'en nourrit, et qui s'amuse à en faire des pilules, *pilulas volvere*, était pour les Egyptiens l'image du monde, du soleil, d'Isis, d'Osiris, en un mot le *nec plus ultrà* de la Divinité.

Le savant Père Kircher rapporte, à ce sujet, une histoire fort agréable, et dont le lecteur sera content. Ce docte Jésuite nous apprend qu'il l'a tirée d'un ancien auteur arabe.

« Un Egyptien et un Persan voyageaient ensemble; ils trouvèrent dans » leur chemin un *fouille-merde* qui roulait en long et en large une pilule » de merde d'âne, *pilulam in stercore asini conglobatam hinc indè* » *volventem*. Le Persan qui marchait étourdiment, ne prenant point » garde à l'insecte vénérable, mit le pied dessus, et l'écrasa tout net. » L'Egyptien, effrayé de ce déïcide énorme, leva les cieux vers le ciel; et » poussant les cris les plus lamentables, attesta Dieux et Déesses qu'il » n'y avait point de part. Le Persan qui ne savait pourquoi tout ce tin- » tamarre, en demanda la cause à son camarade : *Malheureux*, lui ré- » pondit ce dernier, *ne crains-tu point la vengeance des Dieux, toi qui* » *viens de traiter si indignement l'image de notre grand dieu Osiris?* » L'histoire ajoute que vraisemblablement le Persan marcha par la suite avec plus de circonspection, dans la crainte de s'attirer l'indignation de toutes les Divinités, en blessant ce dieu merdeux.

(56) La merde est à coup-sûr d'une saveur étrange;
Mais est-il étonnant qu'un papillon en mange,
Lorsqu'aux meilleurs repas sans cesse convié
L'homme savoure aussi ce que l'homme a chié?

Lampridius, historien du quatrième siècle, fait entendre que l'empereur Commode mangeait souvent de la merde; *dicitur sæpè pretiosissimis cibis humana stercora miscuisse, nec abstinuisse gustu.* Si le fait eût été plus certain, je ne l'aurais sûrement pas rejeté dans une note.

(57) Et mangeant de la merde avec un goût extrême,
Il semblait avaler une glace à la crême.

Je tiens cette anecdote d'un témoin oculaire, qui la raconte si souvent et si affirmativement à qui veut l'entendre, qu'il faut l'en croire sur parole.

Le vrai peut quelquefois n'être pas vraisemblable.

(58) J'eus même un camarade, *externe à Montaigu*,
Qui pour *un demi sol* léchait un torche-cu.

Si je m'étais rappelé son nom, je l'aurais dit ; car il n'est sûrement plus de ce monde : il a dû finir par s'empoisonner.

(59) Voilà de deux côtés un fait incontestable
Qui prouve que la merde est d'un goût agréable,
Ou du moins qu'elle plaît à de certaines gens.

En effet, disent encore les Mémoires de *l'Académie de Troyes,* nous voyons des gens élevés avec soin, versés dans les sciences, et répandus dans le monde ; c'est-à-dire voguant à pleines voiles sur l'océan des idées fausses et du préjugé, en qui néanmoins la nature plus forte laisse encore éclater un goût décidé pour la merde. J'en connais plusieurs que je pourrais vous nommer (c'est l'un des sept académiciens qui parle), j'en connais plusieurs en qui ce goût pour la merde est si puissant, qu'ils ne vont jamais sans en porter un peu avec eux ; non pas, à la vérité, dans des vases d'or ou d'argent, comme les convives des premiers rois d'Egypte et quelques-uns d'entre les Romains ; mais du moins après la chemise et dans les vêtemens.

(60) Outre le *parasol,* même *le parapluie*
Qu'il tend sur votre tête, au besoin il appuie
Et le dos et les reins, alors que vous chiez,
En deux tout simplement si vous ne vous pliez.

Voilà certainement la première fois qu'on met en vers *parapluie, parasol.* Qu'on dise après cela qu'il n'y a rien de neuf dans mon poëme.

(61) Car il est en ce cas une double posture :
L'une qu'à tout le monde enseigne la nature ;
L'autre plus recherchée et que les connaisseurs,
Ne fût-ce que par ton, prescriront aux chieurs.

D'après plusieurs antiques qui sont parvenues jusqu'à nous, on peut établir son opinion sur la façon de chier des anciens, que les modernes vont, je l'espère, imiter plus que jamais. Ce sont de petites figures de bronze qui représentent un homme nu, ayant les joues enflées, et accroupi, c'est-à-dire les deux coudes posés sur les genoux, et la tête appuyée dans le creux des mains. Cette attitude a donné lieu à bien des conjectures de la part des antiquaires. Le plus grand nombre a décidé que c'était le dieu Pet, *deus Crepitus.* Le Père de Montfaucon, dans son Antiquité expliquée, a été plus réservé. *Nous en donnons,* dit-il, *quelques-uns, sans garantir que ce soit cela.* Tom. III, part. II, p. 326.

Pour moi qui ai étudié la matière plus qu'aucun savant, je crois pouvoir garantir que ce n'est pas cela. En effet, le dieu Pet a-t-il besoin d'être nu? A-t-il besoin d'avoir les joues enflées, et d'être accroupi? Ce sont là de ces choses dont tout le monde est en état de juger par *son expérience journalière.* Il est donc tout simple de conclure que l'antique en question réprésentait, non pas le dieu Pet, mais un homme chiant suivant le rit des Juifs, des Egyptiens, des Grecs et des Romains.

La manière recherchée dont je parle plaira particulièrement à ceux qui aiment à chier presque debout ; elle n'est pas tout à fait si commode, mais au moins on ne chie pas comme de vils animaux :

Pronaque cùm spectent animalia cætera terram,
Os homini sublime dedit, cœlumque tueri
Jussit, et erectos ad sidera tollere vultus.
Ovid. Metam. lib. 1.

(62) Cependant au milieu d'une course incertaine,
Si vous trouvez jamais une claire fontaine,
Ne vous avisez pas d'en profaner les eaux.

Hésiode, dans *les Ouvrages et les Jours,* vers 756, édit. d'Amsterdam, *in*-8°. 1701, p. 310, défend aux Grecs de chier ni de pisser dans les fontaines, et même dans les fleuves. Cette fois-ci je ne rapporterai pas le texte grec, il y en a trop long pour moi ; on se contentera de la traduction latine : *Nec unquam in alveo fluviorum mare influentium, neque super fontes meito ; quin valdè evitato ; neque incacato.* Pour les fontaines, je suis de son avis, comme on voit ; mais je n'en suis pas pour les fleuves, parce que je n'y vois que du plaisir sans inconvénient. L'eau emporte, ou les poissons mangent tout.

(63) D'ailleurs l'hiver, ainsi que les autres saisons,
L'hiver a ses beaux jours....

Je plains tant le lecteur quand mes vers ont quelque rapport avec ceux de M. Delille, que je me sens toujours tenté de le dédommager. En voici qui se trouvent dans *l'Homme des champs :*

Si pourtant dans les champs l'hiver retient mes pas,
L'hiver a ses beautés. Que j'aime et des frimas
L'éclatante blancheur, et la glace brillante
En lustres azurés à ces roches pendante !

(64) Mais que dis-je ? Tripet, le renommé Tripet
Qui dans sa serre à peine oserait faire un pet,

Crainte de dessécher ses superbes tulipes,
N'en a pas qui ne soient plus laides que des tripes
Auprès des diamans, des perles, des rubis,
Dont le bonhomme Hiver parsème ses habits.

J'en demande pardon à M. *Tripet;* mais je ne fais que rendre hommage à la vérité. Au reste, il sait que comparaison n'est pas raison ; et mes vers ne feront certainement pas le moindre tort à la grande réputation dont il jouit comme *fleuriste.* Malgré ce que j'en ai dit, je voudrais bien avoir l'occasion de voir dans le temps ses admirables tulipes, que je préférerais aux belles horreurs de l'hiver. Depuis que le bois est devenu si cher, même au milieu d'une grande forêt, la saison où on se chauffe a bien perdu de ses attraits à mes yeux.

(65) Quand la saison sera dans toute sa rigueur,
Et qu'il ne fera bon qu'auprès d'un hêtre en flammes,
Chiez donc dans un pot : A vous permis, mesdames.

M. Delille a dit *près d'un chêne brûlant :* j'ai voulu lui faire voir de quel bois je me chauffe.

FIN DES NOTES.

Chartres. — C. Durand, imp.

On trouve à la même librairie :

LE

NOUVEAU MERDIANA

MANUEL SCATOLOGIQUE

A PARIS ET EN TOUS LIEUX 1870.

1 beau volume in-8 d'écu orné d'une EAU-FORTE et de trente DESSINS SUR BOIS.

TABLE DE L'OUVRAGE :

Préface.

Dissertation sur un *certain* usage, par Grosley et Lefevre.

Sur *certains* usages de l'Inde, par l'abbé Dubois.

2 lettres de la Princesse Palatine et de l'Electrice de Hanovre.

L'art de méditer sur la garde-robe, par Swift.

Un chapitre de Rabelais.